혼자하는 기도수행법

혼자하는 기도수행법

발　　행 | 2018년 10월 10일
저　　자 | 법상스님
펴낸이 | 한건희
펴낸곳 | 주식회사 부크크
출판사등록 | 2014.07.15.(제2014-16호)
주　　소 | 경기도 부천시 원미구 춘의동 202 춘의테크노파크2단지 202동 1306호
전　　화 | 1670-8316
이메일 | info@bookk.co.kr

ISBN | 979-11-272-4866-6

www.bookk.co.kr

혼자하는
기도 수행법

법상 지음

목 차

머 리 말

종교가 있건 없건 누구나 힘들고 괴로울 때면 기도를 하고 싶다. 기도란 힘들고 괴로울 때 그것을 이겨내도록 해 주기 위해 유전 인자 속에 넣어 둔 신의 선물 일지도 모른다.

누구나 삶의 어느 순간, 문득 기도가 필요한 때가 온다. 그럴 때면 방법을 떠올릴 필요조차 없이 누구나 알 수 없는 '그 분'께 자기 나름의 방법으로 기도를 올리고, 가피와 은총을 구한다. 이것이야말로 역사 이래로 내려온 보편적이고도 직관적인 고통 극복의 방법이 아닐까.

절에 있다 보니, 수많은 분들로부터 '어떻게 기도하면 될까요?', '기도하는 방법, 수행하는 방법을 좀 알려주세요.' 하는 요청을 무수히도 많이 받는다. 그럴 때마다 다양한 방편으로 기도방법과 수행법 등을 그 때 그 때 필요에 따라 알려주곤 하였다. 그러면서 늘 누구나 쉽게 따라할 수 있고, 혼자서도 할 수 있는 '기도수행법'이 있다면 참 좋겠다는 생각을 하게 되었다.

오래도록 그런 생각을 품어 오고, 많은 분들에게 알려드리고, 다양한 근기의 사람들에게 다양한 방법으로 그 방법들을 전해오다가, 오랜 발원의 끝에, 마침내 이렇게 '혼자하는 기도 수행법'이라는 책을 발간하게 되었다.

이 책은 혼자서도 쉽게 집에서나 절에서 실천할 수 있는 기도 수행법에 대해 구체적인 방법을, 말하듯 쉽게 설명해 놓았고, 직접적으로 책을 펼치며 하나 한 따라할 수 있도록 친절하게 안내 해 놓았다.

보통 기도 수행하는 분들을 뵈면, 2~3권 정도의 기도 법요집을 들고 다니며 이 책 저 책을 필요에 따라 펴고 기도를 하곤 한다. 이 책은 그런 고민들을 녹여서 편집한 법요집으로, 이제 많은 법요집이나 수행법 서적을 뒤적일 필요 없이 이 책 한 권이면 어떤 기도든, 수행이든 쉽게 따라할 수 있을 것이다.

또한 어떻게 기도하는지 모르는 분들을 위해서, 기도가 무엇이고, 수행이 무엇인지, 불교와 종교란 무엇인지, 삶의 의미는 무엇인지, 괴로움은 어디에서 시작되었는지, 어떻게 사는 것이 잘 사는 삶인지, 진정한 삶의 의미는 무엇인지 등 우리가 종교적으로, 혹은 영적으로 평소에 궁금해 할 만 한 내용들을 '기도'와 '수행'을 중심으로 풀어 써 놓았다.

1편에서는 직접 기도 수행을 시작하기에 앞서 꼭 이것만은 알아두었으면 좋겠는 기도 수행의 의미와 방법, 삶과 존재에 대한 궁금증 들에 대해 이야기하듯 설명해 놓았고, 아울러 이 책을 어떻게 활용하면 좋을지에 대한 구체적인 설명과 어떻게 기도해야 하는지에 대해 소소하지만 꼭 필요한 초심자들을 위한 부연 설명을 두루 해 두었다.

2편에서는 본격적으로, 기도 수행 법요집으로써, 초심자부터 고참 수행자에 이르기까지, 또 염불, 독경, 다라니, 주력, 절, 참선에 이르기까지 다양한 근기와 다양한 수행법들을 두루 실천할 수 있도록 배려하였다. 여러 종단, 여러 사찰들에서 여러 스님들에게 다양한 수행법들을 지도받는 많은 불자님들에게 그 모든 기도 수행법들을 이 한 권만 가지고도 실천할 수 있도록 편집해 두었다.

또한 필자가 그동안 많은 분들과 직접 기도 수행을 실천하면서 부족하거나 아쉬웠던 점을 보완하고, 꼭 필요하지만 어디에서도 찾기 힘든 부분들은 직접 집필하였다. 특히 발원문은 생활 수행자를 위해 현실 속에서 감동과 실천, 발심을 이끌어 낼 있도록 새로 썼고, 대소승 불교의 모든 경전들에서 실천 수행에 필요한 경전 구절들을 뽑고 뽑아 '불교경전 독송선집'이라는 독송용 경전을 새로 번역 및 편집했으며, 시중에 나와 있는 여러 종류의 '108배 참회문'을 보완하여 '108배 마음공부 발원문'을 새로 집필하였다.

아울러, 한글 천수경과 한글 예불문 등 한글 의식 일부는 통일된 한글 의례를 위해 대한불교조계종의 한글 의식집에서 옮겨왔음을 밝혀둔다.

모쪼록 이 책이 많은 분들에게 도움이 될 수 있기를 바라며, 아울러 기도 수행에서 그치지 말고, 나아가 참된 마음공부, 깨달음의 디딤돌이 될 수 있기를 발원해 본다.

2018. 10. 10
법상 합장

제 1 편

기도 수행의 의미와 방법

1. 기도는 왜 하지? 수행은 또 뭐야?

기도란?

기도가 무엇인지? 수행은 무엇인지? 기도와 수행의 의미에 대해 먼저 살펴보고자 합니다. 보통 절에 갈 때 '기도하러 간다', '수행한다' 이런 얘기들을 혼용해서 많이 씁니다.

먼저 기도라는 것은 빌 기(祈), 빌 도(禱) 자를 써서 뭔가를 빈다는 이야기예요. 부처님에게 내 간절한 서원(誓願), 소원, 소망, 발심(發心)한 바, 내가 원하는 바를 부처님에게 빌어서 그것이 이루어지도록 해 주십시오 하고 부처님의 가피력에 의지해서 비는 것이지요.

세속적인 무언가를 얻고자 하는 것, 이것이 곧 비는 기도의 목적입니다.

수행이란?

반면에 수행이라는 것은 빌어서 뭔가를 얻고자 하는 것이 아니라 '괴로움'에서 벗어나기 위해서 하는 것입니다. 그러니 수행은 괴로움이 있는 사람들이 하겠지요. 이렇게 말하면, '나는 괴롭지 않고 삶이 행복하고 즐거운데 저는 수행을 안 해도 되나요?'라고 묻곤 합니다. 수행이라는 것은 작은 인생의 괴로움을 위한 것만이 아니라 사성제(四聖諦)에서 설명되듯이, 궁극적으로는 사고팔고(四苦八苦)라고 하는 늙고 병들고 죽는 근원의 문제를 해결하기 위한 것입니다. 늙더라도 아무 상관이 없고, 지금 죽을병이 찾아오더라도 아무 상관이 없다, 내일 죽더라도 나는 한 치의 흔들림도 없고 여여

(如如)하다 라고 말할 수 있다면 그런 사람은 전혀 수행 할 필요가 없죠. 그 사람은 지금 그대로 부처일 것이니까.

그런데 우리는 착각을 하는 것이, 남들이 옆에서 죽어가는 것, 병들어 가는 것을 다 보면서도 나는 저런 사람과는 다르다고 생각합니다. '설마 내가 저렇게 죽겠어?', '안쓰러운 사람이구나', 그렇게 생각하면서도 나는 영원할 것 같이 느끼는 거죠. 나는 천년만년 계속 살 것처럼 느낍니다. 그것이 어떻게 보면 어리석음이라고 할 수도 있지만, 또 한편으로 생각해 보면 그게 우리의 본성이기 때문에 그런 것 같기도 해요.

다시 말해서 우리는 이 껍데기, 몸뚱이가 나라고 생각하면서 내가 영원히 살 것처럼 생각을 하는데 사실은 이 몸뚱이는 영원할 수가 없습니다. 몸뚱이를 넘어서는 우리의 근원, 우리의 참된 참나라고 부르는 우리의 본질, 본성은 죽을 수가 없는 것이죠. 참된 성품은 나고 늙고 병들고 죽을 수가 없어요.

나고 늙고 병들고 죽는 이렇게 한 번 생기면 반드시 사라지는 모든 것들을 불교에서는 생사법(生死法) 이라고 부릅니다. 생겨나면 반드시 사라질 수밖에 없는 존재들이라는 뜻입니다. 모든 것이 전부 다 생사법 아닌 것이 없어요. 그러나 우리의 근원, 불성(佛性), 자성(自性), 본래면목(本來面目), 참나라고 불리는 '이 자리'는 생멸하는 것이 아니기 때문에 불생불멸(不生不滅)이라고 합니다. 이 자리는 전혀 나고 죽고 이런 것에 물들지 않기 때문에, 어쩌면 우리가 내가 영원히 살 것처럼 느끼는 착각이 참성품이 본래 그렇게 영원하기 때문에 그런 게 아닌가 싶은 생각도 들곤 하는 것이지요.

그러나 어쨌든 중요한 점은 우리는 결국은 늙고 병들고 죽을 수밖에 없는 나약한 존재라는 점입니다. 지금은 잠시 행복하다고 할지라도 반드시 언젠가는 괴로울 수밖에 없는 존재입니다. 그러니 이 괴로움의 문제를 해결하고, 생사의 문제를 해결해야만 하는 것이 우리의 인생에서 가장 근원적인 중요한 것이죠.

꿈의 비유로 본 기도와 수행

우리의 본성은 불생불멸하는, 즉 나고 죽고 하는 생멸의 존재가 아님에도 불구하고 우리는 생멸(生滅)이라는 하나의 꿈을 꾸고 있습니다. 삶이라는 하나의 꿈을 꾸고 있는 것이죠. 우리는 꿈속에서 등장하는 모든 것이 꿈인 줄 모르고 진짜라고 여기니까 여기 있는 모든 것에 집착하고, 돈이나 명예나 권력이나 사람이나 사랑에 집착을 하면서 살아가고 있습니다.

이 모든 것이 꿈인 줄 모르고 벌어지는 일인데, 기왕이면 꿈속에서 나쁜 꿈을 꾸는 것보다는 좋은 꿈을 꿨으면 좋겠다 하는 마음으로 하는 것이 기도(祈禱)라고 할 수 있습니다. 꿈속에서 꿈의 스토리를 내가 원하는 대로 바꾸어 보자는 마음으로 하는 것이 기도인 것이지요.

이에 반해 수행(修行)이라는 것은 꿈속의 이야기를 바꾸자는 이야기가 아니고 꿈에서 깨자는 이야기입니다. 꿈에서 깨어나야지만 꿈속에서 일어나는 온갖 늙고 병들고 죽는 이야기에 물들지 않기 때문이고, 꿈속의 모든 것들이 더 이상 괴롭지 않은, 꿈일 뿐이라는 자각이 일어나기 때문입니다.

보통 사람들이 생각하기에 수행하는 많은 스님이나 수행자들은 산속에 가서 은둔하는 것처럼 느껴지고, 불교는 이웃종교 사람들보다 사회활동도 적고, 너무 출세간만 설하는 은둔의 종교가 아닌가 하고 여기곤 합니다.

그러나 한번 생각해 보세요. 사람들은 전부 꿈속에서 꿈꾸는 것만 평생 해 왔어요. 꿈속에서 꿈의 형태, 꿈의 스토리를 어떻게 바꾸면 좋을 것인가만 평생 다루어 보았지, 꿈에서 깨어나는 것에 대해서는 한 번도 생각해 본 적이 없는 것이지요. 그러니까 당연히 꿈을 깨는 것은 모르고 오로지 꿈속의 내용을 바꾸고, 삶을 바꾸고, 세상을 바꾸는 일에만 혈안이 되어 있습니다. 그 꿈이 꿈인 줄 모르기 때문이고, 꿈을 진짜라고 여겨 집착하기 때문입니다. 그러니 많은 사람들이 꿈을 깨라고 하면 오히려 화를 내거나 욕을 하기도 합니다. 출세간만 아는 은둔주의자라고 말이지요.

부처님께서 꿈의 스토리를 바꾸려고 했다면 왜 출가를 했겠습니까? 한 나라의 왕자였으니 왕이 되어 나라를 이끌고 보다 아름다운 세상을 만들면 되었을 것을 말이지요. 꿈의 스토리로 본다면 고타마 싯다르타 부처님은 최고의 꿈을 꾸고 있는 사람이었습니다. 전혀 남 부러울 것 없는 한 나라의 왕자였지요. 그러나 부처님께서는 사문유관(四門遊觀)을 통해 이토록 행복한 꿈을 꾸고 있는 나도 결국에는 늙고 병들고 죽는다는 괴로움의 실상과 직면하셨습니다. 이렇게 행복한 삶도 결국에는 모두 다 무너지는 것을 깨달으셨습니다. 아무리 달콤한 행복도, 건강한 몸도, 수많은 돈도, 오래 갈 것 같은 권력도 언젠가는 무너지게 마련이죠.

부처님께서 출가를 하셨을 때 그 국가의 사람들이 보기에는 또 왕족들이 보기에는 자기 공부를 위해 국가도 버리고 떠난 사람처럼 비춰졌을 수도 있습니다. 꿈의 스토리를 바꾸려는 일반 사람들에게는 욕먹을 일이죠. 어떻게든 나라를 지키고, 행복하고 부강한 나라로 만들어야 하는데, 부처님은 그것이 중요한 것이 아니라, 그 모든 꿈을 깨는 것이 목적이었던 것이기에 그 모든 것을 버리고 떠날 수 있었던 것입니다.

물론 '꿈에서 꿈의 스토리를 바꾸는 것이 고귀하지 않으냐?' 하면 그것은 아닙니다. 우리가 어차피 꿈속에 뛰어들었잖아요. 꿈속에, 세계에 뛰어들었다는 것은 꿈을 꾸기 위해서, 그 꿈을 꾸는 것 자체가 깨기 전까지는 거기서 내가 해야 할 어떤 삶의 몫인 거죠. 기왕이면 꿈속에서는 꿈을 행복하고 멋있게 꾸면 좋겠지요.

그러나 근원에서 그것이 꿈이라는 사실을 자각해야 하는 것이지요. 그것을 자각하지 못할 때 꿈속에 있는 모든 것들을 진짜라고 여기게 되고 그래서 거기에 집착하면서 좋은 것은 더 가지려고 애쓰고, 싫은 것은 미워하면서 탐진치(貪瞋癡) 삼독(三毒)을 일으키면서 괴로워 할 수밖에 없기 때문입니다. 더 갖지 못해서 괴로워하고, 내가 원하지 않은 것이 내 인생에 등장하니까 괴로워하는 것이죠. 그 모든 괴로움은 꿈인 줄 모르기 때문에 일어납니다. 이걸 꿈인 줄 모르는 것을 불교에서는 무명(無明), 즉 어리석음이라고 합니다. 십이연기(十二緣起)의 첫 번째 원인이죠. 괴로움의 첫 번째 원인인 무명! 그리고 12연기의 중간으로 가다보면 애욕과 집착이 있습니다. 어리석게 꿈인 줄 모르고 진짜라고 착각하니까, 그것을 가지려고 집착을 하고 애욕 한다는 것이죠. 나도 진짜인 것 같고 세상도 진짜인 것 같고 내가 생각하는 의식도 진짜인 것 같은 거예요. 그게 무명-행(行)-식(識)-명색(名色)-육입(六入)입니다. 내 의식이 진짜 있는 것 같고, 바깥 대상이 진짜 있는 것 같고 육입이라는 나의 감각기관이 진짜 있는 것처럼 착각한다는 거죠.

그것 때문에 촉(觸)-수(受)-애(愛)-취(取)-유(有)-생(生)-노사(老死) 라는, 내가 세상을 접촉하니까 진짜로 내가 있어서 바깥에 있는 진짜 세계를 접촉하는 것 같고, 내가 진짜 바깥에 있는 뭔가를 소유하는 것 같고, 그러니 더 많은 집착심이 생기고 애욕이 생겨서 그로인해 생로병사(生老病死)라는 괴로움이 연기한다, 이게 12연기거든요.

어차피 꿀 꿈, 좋은 꿈을 꾸자

꿈을 아름답게 꾸는 것도 중요합니다. 왜냐하면 꿈속의 이야기가 너무 고되고 힘들면, 예를 들어 당장 먹을거리도 없고, 누군가가 나를 괴롭히고, 당장 지금 해결해야 할 의식주 같은 원초적이고 기본적인 문제에서 너무 걸려있으면 수행할 여력이나 정신이 없습니다. 수행하여 생로병사를 해결하기는커녕 지금 당장 다음 끼니가 어려운 사람들 같으면 당연히 다음 끼니부터 해결해야겠죠. 자식이 아프거나 혹은 부모님이 아프시다면 그것부터 해결을 해야 합니다. 내 몸에 병이 나더라도 이 몸부터 추스르고 병원부터 가야지

선방에 와서 아파죽겠는데 좌선하겠다고 그러면 안 되겠죠.

바로 그런 점에서 불교에서는 이 기도라는 것 또한 무시하지 않습니다. 기도하는 것도 당연히 중요한 불교 공부의 방편입니다.

아울러 세상을 바꾸는 것도 중요합니다. 내 삶을 바꾸는 것도 중요하고 내가 꿈꾸는 것을 이루는 것도 중요하고, 뭔가 세상에 문제가 있다면 그것을 바꾸는 것도 필요합니다. 그것이 자신이 할 일이다 하면 그것을 열심히 하는 것이 중요하고, 본인의 회사에서 그 직장을 보다 아름답고 공정하게 바꾸는 것도 필요하죠. 다만 그것이 모두 꿈 인줄 안다면 더 없이 좋겠죠.

꿈 속 세계 꿈 깬 세계

이런 꿈의 비유를 드니까, 어떤 분은 꿈은 중요하지 않고, 꿈에서 깨어나는 것만이 중요하다고 여겨서, 현실을 싫어하고 멀리하려고 하는 분도 계실 텐데요, 이 꿈의 비유에서 아주 중요한 점이 하나 있습니다. 꿈의 비유를 드니까 사람들은 '꿈의 세계가 있고 꿈 깬 세계가 따로 있구나' 이렇게 둘로 나누어서 생각합니다. 그런데 불법은 어디까지나 불이중도(不二中道)의 가르침이며, 불이법(不二法)이 곧 불법입니다. '번뇌즉보리(煩惱卽菩提)'라고 했듯이 '생사즉열반(生死卽涅槃)'이라고 했듯이 생사가 곧 열반이고 꿈이 곧 꿈 깸입니다.

꿈을 깬다고 했을 때 '그럼 깨닫고 나면 꿈에서 깨니까 그 사람은 여기서 뿅 하고 사라져 버리나?' 이렇게 생각을 한다면 그것이 아니라는 거죠. 꿈을 깬 사람도 지금 이곳에서 그대로 꿈을 꾸고 삽니다. 꿈속의 스토리를 그대로 바꾸지 않고 이곳에서 산다는 것이죠. 왜 그러냐 하면 꿈 깬 세계가 곧 지금 이 꿈속의 세계와 둘이 아니기 때문입니다. 불이법(不二法)이기 때문이죠. 지금 여기서 깨달음을 얻고 나면 저 열반의 세계로 바라밀다(波羅蜜多)해서 저 멀리로 가는 것이 아니라, 지금 이 자리에서 주부는 그대로 주부이고 학생은 그대로 학생이고 직장인은 그대로 직장생활을 하면서도 깨달음의 세계에 동시에 있는 것이죠.

그래서 이 세속이라고 해서 우리가 무시하거나 하찮게 여길 필요도 없는 것이죠. 출세간과 세간이 둘이 아니기 때문입니다!

그래서 불교에서는 세간을 바꾸려는 기복적인 기도도 때로는 필요하고 그렇지만 궁극적으로는 출세간적인 수행과 깨달음으로 나아가야 한다고 설합니다. 말은 세간에서 출세간으로 나아간다고 했고, 꿈에서 꿈 깨는 삶으로 바뀐다고 했지만, 사실은 그 두 세계가 하나의 세계이기 때문입니다.

물론 이 말은 이해가 안 될 것입니다. 이해하려고 애쓰지는 마세요. 이해가 될 수가 없는 말을 하고 있는 것입니다. 이 불이법이라는 출세간의 깨달음의 세계는, 머리로 이해하는 세계가 아니가 그 너머의 세계이기 때문입니다. 그래서 증지소지비여경(證智所知非餘境)이라고 해서, 깨달아야 아는 경계일 뿐이지, 중생의 분별심과 생각으로는 도저히 알 수 없다고 했습니다. 꿈속 사람은 꿈속이 진짜 현실인줄로만 알지, 꿈 깬 세계를 상상도 할 수 없는 것처럼, 깨달음의 세계, 불이법의 세계를 아무리 설명해 보아야 머리로만 대충 이해할 뿐 그것이 바른 깨달음일 수는 없습니다.

그러니 '도무지 모르겠다. 모를 뿐! 그러니 깨달아 보자!' 하고 마음을 내는 발심(發心)이 중요한 것입니다.

괴로움이라는 선물

내 주변에 힘들고 괴롭고 아파하는 사람들, 좌절하는 사람들을 많이 봅니다. 혹은 내가 좌절하는 시기와 성공하는 시기 그 양극단을 다 경험해봄으로써, 이 삶 속에서, 이 꿈속에서 성공도 경험해 보았다가 실패도 경험해봄으로써 성공도 물거품처럼 지나가는 것이었구나 하고 깨닫게 됩니다. 나는 내가 성공했을 때 진짜 내가 엄청난 사람인줄 알았고, 대단한 사람인 줄 알았고 거기에 사로잡혀 있었는데 그것도 그렇게 한순간 물거품처럼 떠나가는 것이었구나 하고 깨닫게도 됩니다.

'성공과 실패가 다 한바탕 꿈이구나.'라는 사실은 사실 누구나 조금만 삶을 관찰하면 곧 깨닫게 됩니다. 그런 좋은 말이나 법문들도 많이 듣고, 남들이 실패하는 모습을 보면서도 깨달을 수 있지요. 이렇게 우주법계의 법신 부처님께서 우리에게 법문도 들려주고, 주변 사람을 보내서 깨닫게도 해주는데, 그럼에도 우리가 여전히 깨닫지 못하니까, 자비심을 일으켜서 이 사람에게는 조금 더 강력한 방법을 써서 깨닫게 해야 하겠구나 하고 괴로움이나 고통을 선물 해 주기도 합니다.

암이나 교통사고나, 자녀가 갑자기 성적이 뚝 떨어지거나, 사고를 치거나 하는 등으로 다양한 괴로움이라는 힌트를 우리에게 선물해 줌으로써 그걸 통해 깨달아야겠구나 하고 발심을 하도록 유도하는 것이죠. 그게 우리가 본래 해야 될 본연의 임무이기 때문에 본연의 임무를 망각하지 않도록 하기 위해서 이 우주법계라는 삶이 우리에게 고통을 보내주는 것입니다. 그것은 고통을 가장하고 나타난 깨달음의 법문이고, 하나의 선물과도 같습니다.

주어진 삶을 통해 깨닫는다

부처님께서는 모든 사람에게 다 출가하라고 한 것이 아니라, 왕에게는 왕의 길을 설해 주었고, 주부에게는 주부의 길을 설해 주었고, 모든 사람에게 각자 자신의 삶을 살아야할 방식을 설해주었습니다. 육방예경(六方禮經) 같은 것을 보면 남편이 아내에게 해야 할 길, 예를 들면 월급을 잘 갖다 줘라, 때때로 목걸이 귀걸이 장신구 같은 것도 사다 줘라, 이런 다양한 세간적인 삶 속에서의 이야기를 하고 있단 말이죠.

왜 그럴까요? 삶을 통해 깨달아 나가는 것이기 때문입니다. 지금 이대로 나에게 주어진 삶 그 자체가 곧 깨달음이며, 생사가 열반이고, 내가 바로 부처이기 때문입니다. 나의 삶 하나하나가 그대로 깨달음을 드러내고 있습니다. 그래서 내가 넘어진 그 자리에서 딛고 일어서라고도 하고, 용광로 같이 뜨거운 괴로움이 있을 때, 그 뜨거운 괴로움 속으로 뛰어들었을 때 거기에서 벗어날 수 있다고도 설합니다. 내가 서있는 그 자리가 내가 깨달아가야 할 그 자리인 것이지, 이 자리를 버리고 다른 자리로 가야하는 것이 아니라는 것입니다. 지금 바로 이 자리일 뿐입니다. 주어진 나의 삶, 이것이 그대로 깨달음입니다.

내가 무엇인가를 간절히 원하고 있다면 지금은 그것을 간절히 원해야 하는 때이기 때문에 간절히 원하고 있는 것입니다. 그것이 성취되지 못해서 괴롭다면 그것을 성취하기 위해서 노력하는 것 그게 왜 나쁜 일인가요? 좋은 일입니다. 그것을 지금 하기 위해서 지금 이 자리에 있는 것이고, 그것을 최선을 다해서 기도하고 수행하는 것을 통해서 얻고자 노력하면 됩니다.

집착 없이 기도하라

지금의 주어진 삶 속에서 무언가가 필요하고 얻고자 한다면 그것을 위해 노력하고 기도해도 좋습니다. 다만 핵심은 그 기도는 이루어 질 수도 있고 이루어지지 않을 수도 있습니다. 우리는 보통 기도가 이루어지면 '내가 기도를 잘했구나!', '부처님께서 나에게 가피를 주셨구나' 하면서 부처님께 감사하고, 기도가 이루어지지 않으면 '부처님이 나를 미워하시나?', '내가 잘못한 것이 있나?', '내가 기도를 잘못했나?', '정성이 부족했나?', '부처님께서 나만 미워하시나?' 이렇게 생각을 한다 말이죠. 그런 일은 없습니다. 그것은 그저 내 머리가 만들어내는 생각일 뿐이고, 분별심이며, 망상일 뿐입니다.

제법실상(諸法實相), 삶은 내 인생이 벌어지는 그것이 진리이지, 지금 벌어지고 있는 이 일 이외에 다른 것이 진리가 아닙니다. 그러니까 내가 A라는 것을 원하는 것은 좋은 일이예요. 상관없어요. 원하고 싶은 것을 마음껏 원하세요. 그런데 중요한 점은 내가 원하는 것이 진짜 진리인지 아닌지를 나는 알 수 없습니다. 내가 원하는 것이 진짜 부처님도 원하는 것인지, 진짜 진리도 원하는 것인지, 진짜 나를 위해 도움이 되는 것인지 우리는 알 수 없는 거죠. 내가 원한다고 하지만, 그것이 이루어지지 않았다면, 진리에 서는 다른 더 큰 계획이 있었던 것이지요. 그것이 무엇인지는 알 수 없지만, 중요한 점은 '나'를 믿지 말고, '분별심'을 믿지 말고, 삶이라는 이대로의 진리를 믿으라는 것입니다. 진리에 모든 것을 내맡기라는 것이지요. 삶이 곧 진리이기 때문입니다. 머릿속 생각이 진리가 아니고요.

학생들은 전부 다 백점 맞기를 원할 겁니다. 전부 다 서울대 가기를 원하겠지요. 그런데 전부 서울대를 가야지만 이 세상이 아름다운 세상이 되는 것일까요? 그렇지 않죠. 어떤 사람은 서울대가 필요한 사람도 있을 것이고, 어떤 친구들은 지방대 아니면 대학교 못갈 수도 있을 것이고, 또는 그냥 다른 대학을 갈 수 있을 것이고, 저마다 자신에게 걸맞은 독자적인 자신의 삶이 있는 것이죠.

예를 들어 5급 7급 공무원만 좋은 것이냐? 공무원에 합격해야지만 좋은 것이냐? 모두 다 그럴 것이라고 생각은 하지만 그 친구는 공무원이 아니라 그냥 자영업을 하는 것이 길이거나 혹은 중소기업에 가서 혹은 작은 기업에 가서 그 기업을 아주 크게 일구는 일을 해야 되는 사람 일 수도 있는 것입니다. 그러면 그 사람은 공무원시험을 보면 떨어지겠죠. 그런데 본인은 '공무원 시험에 떨어졌으니까 기도가 이루어지지 않았다.'라고 하면서 부처님을 원망할 수도 있지만 부처님은 그 사람에게 걸맞은 더 큰 계획을 가지고 있는 것이죠.

그 사람은 지금 공무원이 아니라 다른 일을 해야 하는 사람이기 때문에, 그러나 공무원 준비를 하면서 공부했던 다양한 지식들이 나중에도 필요할 수 있기 때문에 또 이 공무원시험을 통해서 한 번 좌절하는 경험을 통해서 조금 더 성장하고 조금 더 성숙하고 조금 더 내면이 단단해질 수 있는 그런 어떤 지혜를 만들어 놓은 다음에 자신이 성공의 길을 가도록 하기 위한 하나의 시나리오 일 수도 있습니다. 그런데 그러한 사실을 모르다 보니까 당장 내가 원하는 바가 이루어지지 않으면 괴로워하는 것이죠.

핵심은 간절히 원하는 것은 나쁘지 않다는 것이에요. 기도하는 것이 이루어지기 위해서 간절히 기도하는 것도 좋습니다. 그러나 핵심은 기도의 핵심은 바로 이것입니다. 기도는 하되, 즉 기도하는 바대로 목적을 정하고 열심히 기도는 하되, 그게 100% 진실이라고 믿지는 말라는 것입니다. 내가 안다고 생각해서 내 인생이 이렇게 되어야지만 행복할 거야 라고 생각할 수는 있지만, 그걸 100% 믿지는 말라는 것이죠. 즉 기도의 성취에 대해서 과도하게 집착하지는 말라는 것입니다. 기도는 하되, 『금강경』의 응무소주 이생기심(應無所主 而生其心)이라는 말처럼, 머무는 바 없이 마음을 내라는 것입니다. 과도하게 집착하는 것은 없어야 한다는 것입니다.

실제 과도하게 집착하는 마음을 가지고 '반드시 나는 서울대에 합격해야 해.' 라고 과도하게 집착하면서 공부하면, 그 일은 잘 안 될 확률이 더 높아집니다. 당연히 그럴 수밖에 없는 것이 '일체유심조(一切唯心造)' 마음 내는 대로 현실은 벌어지거든요.

그런데 중요한 점은 '간절히 원하는 것'만이 이루어지는 것은 아닙니다. 우리는 '간절히 원하면 이루어진다' 라는 서양에서 나온 시크릿 같은 책을 보고서 그렇게 생각하는데, 반야심경에서는 오온(五蘊)이라고 해서 나를 이루는 요소를 5가지로 보고, 그 가운데 마음을 네 가지 즉, 수상행식(受想行識)이라고 설합니다. 그런데 그 가운데 '원하는 마음'은 행(行)으로써 네 가지 마음 중에 하나에 불과합니다. 그게 전부가 아니라는 것이죠.

그리고 행온(行蘊)에도 법칙이 있습니다. 행위에는 유위행(有爲行)과 무위행(無爲行)이 있습니다. 유위행이란 중생심으로 내가 애써서 무언가를 열심히 행하는 것입니다. 무위행은 하되 한 바가 없는, 즉 머물러 집착하는 바 없이 행하는 행입니다. 유위행은 한계가 있어요. 중생심입니다. 무위행이 참된 부처의 마음인 것이죠. 무위행은 뭘까요? 내가 간절하게 원하긴 원했는데 원하는 바 없이 원한다는 것입니다. 무슨 말인가 하면 간절히 원하긴 했는데 결과에는 크게 집착하지 않겠다는 거예요. 무위행이란, 원하지 않은 것은 아니에요. 간절히 원했습니다. 그리고 그것을 위해서 최선을 다합니다. 그런데 되도 좋고, 안 되도 상관이 없어지는 것이죠. 결과에 집착이 없는 것입니다. 해도 한 바가 없는 것, 흔적이 없는 것, 머무는 바가 없는 것이지요. 그것이 바로 무위법입니다.

무위행을 하는 사람도 물론 기도를 합니다. 바라는 바가 있고, 원하는 것도 있지요. 그러나 그 기도에 집착하지 않습니다. 마음은 일으키지만 그 마음에 집착하지는 않아요. 그것이 참된 기도입니다. 무위의 기도이고, 머묾이 없는 순수한 기도의 마음입니다.

두려움 없는 기도

그런데 '안 되면 어쩌지?' 하는 마음에 너무 시달리고 걱정스러워하면서 과도하게 스트레스를 받고 있다면 그 사람은 참된 기도를 하는 것이 아닙니다. 뿐만 아니라 그것은 오히려 그 기도가 이루어지지 않게 하는 역효과를 가져옵니다. 왜 그럴까요? 한편으로는 '돼야 해.' 하는 간절한 마음을 뿜어내고 있지만, 다른 한쪽으로는 '안 되면 어쩌지?' 하고 두려워하는 마음을 또 뿜어내고 있는 거예요. 동시에 두 가지 서로 다른 마음에 에너지를 투여하고 있으니, 그 양 극단의 두 마음이 서로 상쇄가 되어 버립니다. 더욱이 안 되면 어쩌나 하는 두려운 마음이 더 커질 때는 원하는 것이 이루어지지 않게 되는 것입니다. 즉, 결과에 집착이 크고, 결과가 안 이루어지는 것에 대한 두려움이 커질수록 그 일은 이루어지지 않을 확률이 더욱 높아집니다. 그 또한 내가 끌어당긴 것입니다.

집착이 크면 클수록 두려움도 커지죠? 집착이 크면 클수록 두려움도 커지니까 두려움을 우주로 뿜어내는 마음도 커지는 겁니다. 두려워하는 마음이 커진다는 것은 곧 두려워하는 현실을 끌어당기는 것과 같은 것이지요. 원하기도 하면서 한쪽으로는 두려워함으로써 원하지 않는 현실을 끌어오고 있는 것이죠. 원하지 않는 현실을 끌어당기고 있는 것입니다. 그러니까 원하는 마음보다 두려워하는 마음이 더 커지게 되었을 때 두려워하는 현실이 벌어진다는 것이죠. 중요합니다. 두려워하면 두려워하는 바로 그 일이 현실로 벌어집니다.

과도하게 집착하면 이루어지지 않는 이유가 여기에 있습니다.

나는 모른다 진리에게 맡기라

돈을 몇 억을 벌었으면 좋겠다고 기도해서 결국 그 돈을 벌었더라도, 그 돈을 벌고 나서 죽을 병 판정을 받게 된다면, 그 돈을 번 것이 아무런 의미가 없어질 것입니다. 그런데 이런 사실을 모르는 사람이라면 자신이 죽는 줄도 모르고 오로지 돈을 벌게 해 달라고 기도만 하겠지요. 이런 비유처럼, 사실 우리는 자신이 무언가를 원한다고 하지만, 그것이 진짜로 자신에게 도움이 되는 것인지, 내 인생이 어떻게 흘러가게 될지를 전혀 알 수 없습니다. '오직 모를 뿐'입니다. 무엇이 내 인생에 정말 좋은 것인지를 전혀 알 수 없다는 것이지요. 그러면서 오만하게 자신은 자기 인생에 무엇이 좋은지를 알 수 있을 것이라고 굳게 믿고 있습니다. 이것이 바로 중생의 어리석음이고 무명입니다.

어리석기 때문에 내가 원하는 것이 진짜라고 생각하며 쫓아가는 것입니다. 그런데 지혜로운 사람은 자기의 머리를 쫓아가지 않습니다. 생각과 분별심을 신뢰하지 않아요. 일체 모든 것을 진리에, 법신 부처님께, 삶에게 모든 것을 내맡깁니다. '나'를 따르지 않고, 삶이라는 '진리'를 따릅니다. 즉, 특별한 것을 원하지 않고, 지금 이대로 이길 원하는 것이지요. 지금 이대로라는 있는 그대로의 현실이 곧 진실이며, 진리이기 때문입니다.

그러니 참된 지혜로운 이는, 기도할 것이 사라집니다. 기도를 할지라도, 그 기도의 결과에 집착하지 않습니다. 그러니 참된 기도는 기도할 것이 없다는 사실을 깨닫는데 있습니다. 무언가가 이루어지기를 바라는 것이 기도인데, 지혜로워 질수록 지금 이대로 이길 바라거든요. 지금 이대로 이길 바란다면, 그것은 이미 이루어진 것입니다. 그러니 따로 기도할 필요가 없어지지요. 이것이 참된 기도입니다. 기도를 하는 이유는, 결국 기도가 이미 이루어졌음을 깨닫기 위함이라고도 할 수 있습니다.

참된 불자는, 내 생각이 옳다고 집착하고 고집하는 것이 아니라 부처님께, 삶에, 진리에 모든 것을 내맡길 줄 아는 사람입니다.

그래서 참되게 기도하다 보면 처음에는 간절히 아들이 서울대 가기를 원하면서 기도를 하다가, 계속 기도를 하다 보면 저절로 마음에 집착이 점점 비워지게 됩니다. 왜냐하면 기도를 하면서, 염불을 하든 독경을 하든 진언을 외우든 거기에 마음을 내맡기다 보니까 마음이 고요해지고 비워지면서, 번뇌 망상, 집착이 점차 줄어들고 본연의 마음, 본연의 참 성품과 가까워지니까 저절로 집착심이 내려놓여지는 것입니다.

그래서 기도를 제대로 하시는 분들을 뵈면, 처음에는 반드시 이루어져야 해 라고 집착했는데, 나중에는 간절함은 있으나 과도한 집착심은 사라지게 됩니다. 이것이 곧 집착하느냐, 선호하느냐의 차이입니다. 서울대를 선호하기는 하는데, 집착하지는 않는 것이지요. 선호는 하는데 과도하게 집착은 안하니까, 여기 못가면 다른 곳에 가면 되지 하는 가벼운 마음으로 공부를 하게 되는 것이죠. 특정한 것을 선호는 하지만, 과도하게 집착하지는 않는 마음이 되면 저절로 마음에 여유가 생기고, 몸과 마음이 이완하게 되어, 저절로 명상의 상태가 되어 버립니다. 몸과 마음이 완전히 이완하고 열리게 되니, 공부는 더욱 더 잘 되고, 집중력도 좋아지고, 하는 일은 더욱 더 탄력을 받을 수밖에 없게 되지요. 이것이 곧 '내려놓았을 때 오히려 잡히는' 법칙입니다.

집착을 놓으면 벌어지는 일

제가 공부를 매우 잘하는 아이 부모님들이 하는 얘기를 들어보니까 명문대, 명문고, 특목고 이런 곳에 다니는 학생들 중에 의외로 꽤 많은 인원이 약간 정신적인 스트레스 문제, 정신적인 질환 같은 것들을 안고 있는 친구들이 있다고 합니다. 너무 공부 스트레스를 받아서 거의 폭발하기 직전인 것 같아 보이는 아이들, 그러다가 난독증이 오는 아이들, 그러면서 정신적으로 스트레스 받은 것이 안에 분노로 쌓인 아이들, 부모님에 대한 분노로 폭발하기 직전일 것 같은 아이들, 그런 학생들이 적절히 쉬어주지 못하고, 풀어주지 못한 채, 공부만 강조하고, 성적에만 집착하다가 결국 정신적인 문제로 폭발하는 것입니다.

모든 것은 밤이 있으면 낮이 있잖아요. 들숨이 있으면 날숨이 있고, 봄여름이 있으면 가을 겨울이 있거든요. 균형이 맞아야 합니다. 공부하는 시간이 있으면 쉬는 시간이 있어야 합니다. 낮에 일하고 밤에 쉬어야 되는 것처럼. 그런데 공부하고 나서 또 공부하고 나서 또 공부하는 일이 초·중·고등학교 내내 계속되니 아이들이 자연의 섭리, 균형의 법칙, 파동과 순환의 법칙을 거스르고 있으니 공부가 제대로 될 수 있겠습니까?

그런데 기도를 해서 마음이 열리고 나면 아이들에게 '네가 서울대를 가도 좋고, 인서울해도 좋고, 지방대를 가도 좋고, 네가 하는 것이라면 엄마는 그것이 무엇이든 응원한다. 네가 가는 길, 그것이 좋은 길이다. 너의 길을 응원한다.' 하는 그런 여유 있고 지혜로운 말이 나올 수 있게 됩니다. 그러고 나면 그 아이가 얼마나 마음의 스트레스가 덜 하겠어요? 마음이 스트레스를 받으면 심리학에서 인지협착이라고 했듯이, 스트레스를 받아서 집착을 하게 되고, 몸이 스트레스를 받게 되면 마음도 함께 좁아집니다. 의식이 비좁아지고 긴장이 되고 꽉 막히고 정신도 긴장이 되고 몸과 마음이 긴장이 되니까 이해력, 집중력도 확 떨어집니다. 마음이 열린 사람에 비해서 더욱 공부를 잘 할 수 없게 되는 것이지요.

많은 연구에서 명상을 하고 났더니 아이들의 이해력, 기억력, 또 학습능력 등이 월등히 좋아진다고 하는 것이, 완전히 마음의 집착을 놓아지게 되었을 때 마음이 활짝 열리니까 공부의 실력도 좋아질 수밖에 없음을 보여주고 있습니다.

그래서 수능시험 보기 직전만이라도 엄마가 마음이 이완이 되고 나서 아이에게도 그렇게 편안한 마음을 갖게 해 주는 것이 중요합니다. 학생들 중에는 '내가 시험 못 보는 것은 괜찮은데, 부모님께서 충격 받으실까봐 그것이 너무 무섭고 두렵다'고 하는 친구들이 있습니다. 아직 성장해서 사회생활 안 해 본 아이들에게는 부모님이 온 우주전체와 같습니다. 부모님에게 인정받는 것이 온 우주로부터, 세상으로부터 인정받는 것이라고 생각을 합니다. 그러니 부모님이 그런 스트레스를 주면 이 온 우주가 나에게 스트레스를 주는 것과 똑같은 어마어마한 부담감이죠. 좀 편안하게 해줘야 이 친구가 의식도 열리고, 몸과 마음도 이완되고, 그렇게 되어야 옛날에 공부했던 것조차 나중에 시험 볼 때가 되면 다 기억도 나고 나중에 시험도 잘 보지 않겠어요? 그런데 집착을 하면 할수록 상황이 꼬일 수밖에 없습니다.

'돈을 벌어야해!' 하는 집착이 크면 클수록 돈을 벌기 위한 집착이 생기고 '돈을 못 벌면 어쩌지?' 하는 두려움이 생겨서 돈을 벌기 위해서 꼼수를 쓰게 됩니다. 소비자들에게 안 좋은 재료로 음식을 제공하게 되고, 조금 더 돈을 벌기 위해서 삿된 생각이 자꾸 끼어들게 되는 것이죠. 전체를 볼 수 있는 안목이 사라져 버리는 것입니다. 자비심도 없어지고 지혜가 없어집니다.

모든 것의 핵심은 원하되 과도한 집착 없이 원하라는 것입니다. 이것이 핵심입니다. 그렇게 했을 때는 원하는 것이 나를 깨닫게 합니다. 삶을 살아가는 것이 나를 깨닫게 합니다. 생사즉열반(生死即涅槃)이라고 했듯이 내가 살아가는 모습 이것 자체가 나를 깨닫게 하는 삶의 주제가 되는 것이죠. 삶 자체가 공부의 장이기 때문에.

마음에 집착이 없고, 이완하게 되면 저절로 열정이 피어나고 에너지가 넘쳐납니다. 삶에 부담감이 사라지고, 심각함이 없어집니다. 삶이 즐거워지기 시작하고 "안 되면 어쩌지!" 하는 스트레스 긴장이 없으니까 일을 하면서도 즐겁게 하는 거예요. 되도 좋고 안 되도 좋으니까. 직장 상사에게 인정을 받아도 좋고 안 받아도 좋으니까. 당연히 릴렉스가 되니까 더 일에 열정이 붙습니다. 집착이 없을 때 훨씬 더 큰 열정이 생깁니다. 긴장감이 없고 이완이 되며 마음이 열리게 되었을 때 생겨나는 열정은, 나라는 에고, 이상에 갇히지 않는데서 오는 근원의 힘이며 지혜입니다. 그것은 머리에서 오는 것이 아니라, 가슴에서 오고, 분별에서 오는 것이 아니라, 직관, 창의, 영감과도 같은 근원의 소리입니다.

내 일이 아닌 법계의 일

죽고 사는 것이 나에게 달린 일일까요? 돈을 5억 10억을 벌지 말지가 나에게 달린 일일까요? 그런 거 같으면 모든 사람들이 전부 다 돈을 벌 것입니다. 모든 사람이 한 명도 죽지 않을 겁니다. 그것은 나에게 달린 일이 아니라, 법계의 일입니다. 삶의 일이고, 진리의 일이에요. 죽어라고 죽어라고 공부해도 머리가 안 따라주는 사람은 서울대에 가고 싶어도 못가는 것이지요. 원한다고 되는 것이 아니에요. 결과는 그냥 맡겨야 되는 것이죠. 되면 되는대로 안 되면 안 되는대로.

저는 아무리 죽어라고 공부해도 서울대 못 갈 머리였는데요, 제가 서울대를 가려고 목표를 세워놓고 공부했다면 얼마나 스트레스를 받고 괴로웠겠습니까? 그러나 다행히도 저는 그렇게까지 괴롭지는 않았습니다. 왜일까요? 'OK! 인정! 나는 서울대는 못 간다.' 하고 인정을 해놓으니까 그것으로 스트레스 받지는 않죠. 나보다 공부 잘하는 사람이 있다고 해서 스트레스를 받을 필요는 없어요. 내가 아니다 싶은 것에 대해서는 딱 포기하는 것이죠. 즐겁게 하되 아닌 것은 딱 포기하는 것이죠. 아닌데도 불구하고 계속해서 집착을 했을 때는 그 사람은 너무 힘들고 너무 스트레스 받고 하루하루가 얼마나 괴롭겠습니까?

삶이 사는 대로 사는 것이 가장 지혜로운 것이지, 내 생각이 원하는 대로 사는 것이 지혜로운 것은 아닙니다. 그러나 '내 생각은 지금 내가 원하는 것이 옳은지 그른지는 모르지만 그러나 지금의 내 의식 수준에서 나는 이것을 원해.' 그렇게 하는 것은 좋다는 거죠. 기도 하라는 거죠. 선호하고 원하라는 것입니다. 그래서 기도를 하는 것이지요. 다만 집착 없이 하는 겁니다. 응무소주 이생기심, 머무는 바 없이 마음을 내는 것입니다.

그렇게 결과에 집착 없이 기도를 하다보면 나중에 저절로 결과에 집착 없이 살아가니까 마음이 저절로 비워져요. 저절로 비워지고 저절로 집착이 소멸되니까 저절로 괴로움이 사라집니다. 저절로 수행이 되어버립니다. 기도와 수행의 간격이 사라져버립니다. 집착이 사라지니까 저절로 수행이 되는 것이죠. 괴로움이 사라지니까.

바로 이와 같은 마음자세를 가지고 한다면, 기도를 하든, 수행을 하든, 마음껏 하고 싶은 것을 해도 상관이 없습니다. 이름을 기도라고 붙이든, 수행이라고 붙이든, 아니면 뭐라고 하든 간에, 이런 바른 정신이 깃들어 있다면 그것은 곧 바른 지혜로 가는 길이기 때문입니다.

그렇기에 사실 기도나 수행의 특정한 방법, 특정한 형식은 정해져 있지 않습니다. 기도와 수행이라는 것이 곧 근원에 이르는 하나의 방편이기 때문입니다. 방편은 잠시 썼다가 버리는 것이지, 거기에 머물러 집착하라고 있는 것이 아니기 때문입니다.

이처럼 기도와 수행은 특정한 형식이나 방법을 정할 필요는 없지만, 그렇다고 아무런 방법과 형식을 정해 놓지 않으면, 또 너무 힘들어 하고, 어떻게 해야 할지 막막해 합니다. 그래서 방편으로, 임시로, '혼자 하는 기도수행법'이라는 방법 아닌 방법을 이 책을 통해 설하게 된 것입니다.

양자물리학과 기도수행

실제로 양자물리학에서도 그런 표현을 합니다. 이 세상은 불성의 바다라고, 양자물리학에서는 양자수프(Quantum Soup)라는 무한한 가능성의 공간이라고 그래요. 온 우주전체가 양자수프로 가득 차 있다는 겁니다. 이 양자수프의 특성은 무한한 가능성의 공간이라고 합니다. 무엇이든 다 가능하게 만들어주는 무한 가능성의 공간이고 그 공간의 특징은 불확정성의 원리라는 말처럼 확실한 것이 아무것도 없더라는 것이지요. 겉에 드러난 물리법칙의 세계는 확실하게 정해져 있는 것처럼 보이지만 양자의 세계는 확실한 것이 아무것도 없는 세계더라 하는 겁니다. 확실한 것이 아무것도 없어서 어떤 하나의 확률의 세계라는 겁니다.

우리는 여기 있다가 뽕 하고 갑자기 부산에 나타나는 것이 불가능하잖아요. 그런데 양자의 세계에서는 그것이 가능해집니다. 또한 양자는 어떤 쌍둥이 양자가 있을 때 이것이 수백 수천 킬로 떨어져있어도 마치 서로 연결되어 있는 것처럼 행동하기도 하더라는 것이죠.

그리고 이 양자는 갑자기 도약을 한다는 겁니다. 순탄한 인과적인 순서로 살아가다가 갑자기 도약을 해서 여기서 갑자기 부산에 딱 나타난다는 것이죠. 갑자기 일을 하던 중생이 위대한 존재 붓다로 도약을 한다든지 하는 일이 가능하다는 것이죠. 그것도 비국소성으로, 시간이 걸리지 않더라는 겁니다. 도약이라는 것은 문득 일어나더라는 거죠.

중생이 견성성불(見性成佛)하는 그 순간 문득 돈오(頓悟)하듯이 도약이 일어나더라는 겁니다. 즉 내가 병이 있어서 시름시름 앓는 죽을병이 걸려서 고생하는 인과의 차원에서 살다가, 정말 순수한 기도가 온 우주법계를 감동시키게 되었을 때 갑자기 도약이 일어나는 거죠. 병이 갑자기 나을 수 있는 도약. 가난하다는 의식으로 가난하게 살던 사람이 갑자기 부자가 될 수도 있는 것도 바로 이 양자도약으로 설명할 수 있는 것이죠. 성불도 마찬가지죠. 모든 기도의 성취도 마찬가지입니다.

양자얽힘(quantum entanglement)이라는 표현도 있는데요, 이 세상 모든 것들은 양자의 차원에서 모두 연결되어 있다는 것입니다. 불교의 연기법과도 비슷한 이야기인데 서로 연결되어 있다가 내가 간절히 마음을 내었을 때, 본래 근원에서는 서로 연결되어져 있었기 때문에, 그 마음이 온 우주법계와 연결되어져서 서로 영향을 주고받더라는 것이죠.

예를 들어 보죠. 내가 아파요. 몸이 아픈데 간절히 기도를 하고 있습니다. 집착 없이 기도를 하고 있어요. 집착 없이 기도하고 집으로 가던 어느 날 갑자기 버스에서 라디오가 나왔는데 라디오에서 내가 아픈 그 부분에 대한 설명이 나오는데 마치 나를 위해 족집게처럼 이야기 해 주는 것 같았고, 그대로 했더니 감쪽같이 나았다는 것이지요.

양자얽힘이라는 연기법적인 세계가 내가 기도했는데 내가 기도한 마음을 어떻게 알아듣고 라디오채널이 갑자기 버스기사가 확 돌리게 만들어서 그 채널에서 그 정보가 나에게 까지 오게 만드는 일이 말도 안 되는 일이잖아요. 내가 어떻게 그런 걸 만들 수 있겠습니까? 그런데 이 양자얽힘의 세계에서는 그게 가능하다는 것이죠. 이게 바로 우연인 것처럼 보이지만 세상 모든 것은 인연 따라 그것도 마음에서 인연이 연기한다는 것이죠. 마음에서 연기한다. 유심연기(唯心緣起)가 바로 그것입니다. 마음에서 간절히 기도했는데 그 마음에서 기도한 내용을 현실에서 만나기 시작해요. 마음에서 물질세계가 연기된 것이죠. 이와 같은 방식으로 우리는 마음이 주인이 되어서 세상 모든 것을 만들어 내는 것이죠.

이 정도로 기도와 수행에 대한 이야기를 마치고, 다음 장에서는 본격적으로 이 책 '혼자 하는 기도 수행법'에 대한 설명을 해 드리도록 하겠습니다.

2. 기도수행 법요집의 구성 및 활용법

기도 수행의 핵심

그러면 이제 본격적으로 혼자서 절에서든, 집에서든 기도 수행을 하실 때 구체적으로 도움이 될 수 있도록, 또한 이 책을 어떻게 활용하면 좋은지에 대한 방법에 대해서 설명을 드려 보도록 하겠습니다.

기도수행 방법은 특정하게 정해진 것은 없습니다. 종단에서 따로 '이것이 정답!', '교과서' 라고 하여 정해놓은 것도 없죠. 그러나 보편적으로 많은 스님들이나 많은 절에서 하는 기본적인 방식은 얘기할 수 있겠죠. 기도수행의 절차와 방법은 보통 우리가 법회 하는 방식과 비슷합니다.

본 장에서는 각 기도 수행법의 의미와 수행 방법 등을 설명해 드리고, 아울러 본 기도수행 법요집을 어떻게 활용하면서 실제 생활 속에서 실천할 수 있는지를 설명해 드리고자 합니다.

개별 기도수행, 즉 귀의, 참회, 발원 뿐 아니라, 독경, 주력수행, 염불, 절, 명상과 선 등 모든 개별적인 기도수행법들이 사실 그 원리는 같습니다. 다만 방편이 다를 뿐이지요. 그래서 여기에서는 먼저 기도수행법에 대한 본격적인 설명에 앞서서, 그 기도수행의 원리에 대해 잠시 살펴볼까 합니다.

수행은 왜 하는 것일까요? 앞서도 설명했듯이 괴롭기 때문입니다. 기도에서의 괴로움은 일상생활 속에서 원하는 것을 얻지 못하는 괴로움 등 일상의 소소한 괴로움이라면, 수행에서의 괴로움은 생노병사 등 인간의 근원적 괴로움들을 포함합니다. 부처님께서는 근원적 괴로움에서 벗어나 참된 열반을 얻을 수 있음을 설하시며 바로 그 고(苦)에서 벗어나는 방법으로 사성제(四聖諦)와 팔정도(八正道)를 설하셨습니다. 그 중에 팔정도의 도성제(道聖諦)가 바로 괴로움에서 벗어나는 길 즉, '수행'입니다.

초기불교의 핵심 가르침은 곧 연기(緣起), 무아(無我), 자비(慈悲)에 있으며 이를 깨닫기 위한 실천 수행법이 바로 도성제요 도성제가 바로 중도(中道)입니다. 중도를 세부적으로 구현한 것이 팔정도이고, 그 구체적인 실천방법이 바로 사념처(四念處)이지요. 즉 석가모니 부처님께서는 중도와 팔정도, 사념처가 바로 '수행'이라고 말씀하셨습니다.

사성제에서는 괴로움의 원인인 집성제와 십이연기에서, 괴로움의 원인을 다양하게 설하고 있는데, 그 핵심을 요약해 본다면, 결국 중생들의 분별망상이라는 근본무명에 기인 때문에 괴로운 것이라고 설합니다. 무명(無明)이란 어리석다는 것으로, 사람[육입(六入)]들이 대상[명색(名色)]을 인식[촉(觸), 식(識)]할 때 있는 그대로 분별없이 보지[정견(正見)] 못하고, 항상 좋거나 나쁜, 옳거나 그른, 성공과 실패, 나와 너 등으로 둘로 나누어서 비교, 분별하여 인식한다는 것입니다. 그것이 바로 분별심이고, 분별망상입니다.

이렇게 대상을 파악할 때 좋고 나쁜 등의 두 가지 극단의 분별심으로 인식하다 보니, 좋은 것은 애착, 집착하고, 싫은 것은 증오, 거부하게 됩니다. 그것을 취사간택심이라고 합니다. 좋은 것을 집착하면 더 가지고 싶어서 괴롭고, 싫은 것을 미워하면 밀쳐내고 싶은데 같이 있을 수밖에 없을 때 또 괴로워집니다. 취사분별, 취사간택은 곧 괴로움을 가져올 수밖에 없는 것이지요.

이 양 극단으로 분별하여 보는 어리석은 망상이 곧 중생의 마음이며, 이것이 바로 모든 괴로움의 원인입니다. 그러니 괴로움을 없애려고 하면, 양 극단으로 둘로 나누어 보는 분별심이 소멸되어야 합니다. 즉, 양 극단으로 분별하는 것이 아닌, 있는 그대로를 치우침 없이 바라보는 중도의 수행이

되어야 한다는 것이지요.

중도적으로 보려면, 있는 그대로를 있는 그대로 보아야 합니다. 분별없이 보아야 하고, 둘로 나누어 판단하지 않고 보아야 합니다. 그렇게 분별없이 보는 것이 바로 사념처이고, 위빠사나이며 팔정도의 정념, 정견입니다. 이것이 바로 사성제의 도성제이고, 불교의 수행입니다.

조금 더 쉽게 단순화하면 중도, 팔정도, 사념처라는 수행은 한 마디로 '분별없는 관찰'입니다. 분별망상이라는 생각, 망상, 분별, 해석, 차별의 필터를 통해 세상을 보는 것이 아니라, 있는 그대로를 있는 그대로 보는 것이 바로 수행입니다. 머리로 헤아리지 않는 것이기도 하지요.

그러나 막연하게 분별없이 관찰하라고 하면 잘 집중이 안 되고, 실천하기가 어렵습니다. 어느 한 가지 '특정한 대상에 마음을 모아 집중(止)'함으로써 분별없는 관찰(觀)은 더욱 쉽게 이루어집니다. 부처님께서는 그 집중적 관찰대상을 사념처 즉 '신수심법(身受心法)'이라는 네 가지에 두셨습니다. 그러나 대승불교로 넘어오면서 그 집중하는 대상은 조금씩 달라지지요.

우리가 흔히 수행이라고 알고 있는 그 모든 것들 즉 절, 염불, 간경, 독경, 진언 다라니, 위빠사나, 간화선, 조사선, 묵조선 등 그 모든 수행법들 또한 사실은 '분별없는 관찰'의 대상에 따른 수행법이며, 중도와 팔정도, 사념처에 이르는 길입니다. 이처럼 모든 수행법은 방법, 방편은 다르지만 그 핵심은 모두 똑같이 '괴로움에서 벗어나는 길', '있는 그대로 관찰하는 정념과 정견', '분별없는 관찰', '머리로 헤아리지 않는 것'을 설하고 있습니다.

예를 들어 염불수행은 그 집중과 관찰의 대상이 부처님 명호입니다. 염불을 하면서 온갖 생각과 판단, 분별들은 내려놓고 분별없이 염불하는 소리를 관찰하거나, 염불하는 놈이 누구인지를 관찰하는 것이 바로 염불수행입니다. 마찬가지로 절이나 간경, 진언, 다라니, 호흡관, 간화선 등도 근본에서는 마찬가지입니다. 절을 하면서 온갖 생각을 내려놓고 분별을 쉬고 절하는 몸의 동작에 집중하여 관찰하고, 간경이나 진언, 다라니를 외우면서 외우고 있는 것을 분별없이 관찰하는 것입니다.

이처럼 수행이란, 온갖 번뇌, 분별망상과 생각을 그치고 마음을 모아 집중하는 지(止)와, 분별없이 있는 그대로 보는 관(觀)이기 때문에, 지관겸수(止觀兼修), 혹은 정혜쌍수(定慧雙修)라고 설하기도 합니다. 이처럼 불교 수행은 부처님 명호나 진언, 다라니, 호흡, 화두 등 특정한 대상에 마음을 집중(止)하여 분별없이(中道) 관찰(觀)하는 것을 통해 무아와 연기, 중도와 공(空), 자비를 깨달아 가는 것입니다.

선, 조사선, 간화선도 마찬가지입니다. 머리로 헤아려 분별하지 않도록 하기 위해, 선지식 스님들께서는 바로 지금 눈앞의 당처에 언제나 드러나 있는 해석할 수 없는 본래면목을 있는 그대로 보라고 설합니다. 본래면목이라는 것이 따로 있어서 그렇게 설하는 것이 아니라, 분별망상이라는 허망한 착각에서 풀려나는 것이 곧 해탈이고 열반이며 본래면목이고, 참나, 불성이기도 한 것입니다. 사실 '이것'은 뭐라고 이름 붙여 설명할 수 없는 것입니다. 그저 파사현정(破邪顯正)이라는 말처럼, 삿된 분별망상만 제거하면 저절로 드러나는 것입니다. 드러난다는 말도 좀 그렇고, 그저 아무 일이 없어지는 것이지요. 문제가 사라지는 것입니다. 그것이 바로 해탈이고, 본래면목이고, 그것이 우리의 본래적인 참나라는 것이지요.

우리는 전혀 괴롭게 살아야 할 이유가 없는 참나의 존재입니다. 즉 아무 문제 없는 존재라는 것이지요. 그러나 분별망상이라는 허망한 착각으로 인해 괴로워하고 묶여 있으니, 불교에서는 바로 그 분별망상만을 제거하도록 이끄는 것입니다.

그것을 선에서는 '본래면목'이라고 방편으로 이름을 붙인 뒤에, '너의 본래면목이 무엇이냐?', '나는 누구인가?', '생각하는 자 누구인가?', '숨 쉬는 자 누구인가?'라고 질문을 하고, 거기에 답하도록 이끌어 갑니다. '이것이 무엇인가?', '이뭣고?' 하는 이 질문이 바로 화두입니다. 즉, 괴로움이 생겨나기 이전, 분별망상이 생겨나기 이전의 아무 문제없던 본래의 자리에 무엇이 있었느냐는 것이지요.

분별망상 때문에 괴롭다면, 그 분별망상은 어디에서 왔으며, 어디로 사라질까요? 분별망상이 일어나기 이전에는 무엇이 있을까요? 이 질문에 답하도록 선지식은 질문을 던집니다.

다만 그 질문에 답을 할 때는 '분별망상'으로 하지 않아야 합니다. 즉 생각으로 헤아려서 그 질문에 답을 찾으려 해서는 안 되는 것이지요. 생각으로 헤아리면 곧장 분별망상이 되기 때문입니다.

머리는 움직이지 못하게, 생각은 꼼짝 못하게, 분별망상으로 헤아리지 못하게, 그러나 답은 찾아야 합니다. 그러니 이러지도 저러지도 못하고, 의식이 꽉 막히게 됩니다. 답은 찾아야 하겠는데, 헤아리지 못하니 할 수 있는 일이 아무 것도 없습니다. 답을 찾는 방법도 없고, 답을 찾으려고 애를 쓰면 곧장 생각이 발동하게 되니, 그것도 하지 못합니다.

이처럼 선(禪)에서는 의식을 꼼짝하지 못하도록 묶어버립니다. 이것을 은산철벽(銀山鐵壁)에 갇혔다고도 하고, 의단독로(疑團獨露)라고도 합니다. 이렇게 의식이 꽉 막힌 채 답을 찾지만 이러지도 저러지도 못하는, 어떻게 도무지 할 수 있는 일이 아무 것도 없는, 그렇지만 포기할 수도 없는 그 시간들을 보내게 됩니다. 그렇게 시간을 보내는 것이 바로 선의 수행입니다.

선지식은 법문을 통해 꾸준히 제자들에게 지속적으로 질문을 던지고, 그 질문에 답을 내놓도록 독려는 하면서도, 계속해서 머리를 쓰지 말도록, 헤아리지 못하도록, 분별망상을 일으키지 못하도록 이끌어 갑니다. 분별망상이 더 이상 활동하지 못하도록 이끌어 주는 것이지요.

그러나 중생들은 끊임없이 분별하고 헤아리던 오래된 습관을 떼어내기가 그리 쉽지만은 않습니다. 좋고 나쁜 것들을 놓아버릴 수가 없지요. 좋은 것은 집착하고 싫은 것은 거부하지 않을 수가 없습니다. 이 때 특히 좋은 것에 집착하던 습관이 큰 장애가 됩니다.

그래서 좋고 나쁨을 분별하고, 좋은 것에 집착하는 정신적인 습관을 없애도록 하기 위해 부처님께서는 계율(戒律)을, 선지식은 청규(淸規)를 제정하기도 합니다. 또한 무집착, 무소유의 덕목을 강조하기도 하며, 세간에 끄달려 있는 마음, 세속적인 돈, 명예, 권력, 지위, 사랑, 사람, 소유 등에 집착해 있는 마음을 버릴 수 있도록 이끌어 갑니다. 외부 대상에 집착하는 마음이 분별심 중에도 가장 크기 때문이지요. 집착에서 놓여나고, 세속적인 관심사가 끊어져야 비로소 분별망상이 한 번 크게 놓여나게 될 수 있기 때문입니다. 출가라는 제도가 생겨나게 된 것 또한 이러한 이유 때문입니다.

어쨌든 이처럼 앞으로 설명하게 될 모든 기도수행법은 이와 같은 같은 길을 가기 위한 다양한 방편으로 역사 속에서 만들어진 것들입니다. 달을 가리키는 수많은 손가락들인 것이지요. 그러면 이정도로 수행에 대한 설명을 마치고 다음부터는 조금 더 구체적으로 각각의 기도수행 방법에 대해 설명해 드리겠습니다.

귀의

처음에 법회를 하든 예불을 하든 항상 삼귀의(三歸依)를 하죠? 누구나 처음 절에 오면 부처님께 삼배(三拜)부터 하듯이, 법회를 시작할 때 삼귀의를 하거나 예불(禮佛)을 하고, 아침예불 시작할 때도 처음 시작이 예불입니다. 즉 처음 기도의 시작은 귀의삼보(歸依三寶), 즉 불법승(佛法僧) 삼보님께 귀의하는 것이 첫 번째 순서입니다.

'귀의'야말로 모든 기도, 수행의 첫 번째 순서가 되는 것이지요. 나의 본성은 본래 부처(佛)이며, 내 안에 모든 진리가 이미 구족되어 있고(法), 나의 참 본성과 진리를 깨닫겠다 라고 발심한 사람이 곧 수행자(僧)입니다. 이 세

가지 근원적인 나의 본래 모습으로 돌아가 의지하겠노라고 발심하는 수행, 그것이 바로 첫 번째 수행이자 기도인 '귀의'입니다.

육조 혜능 스님은 『육조단경』에서 "자성(自性)의 삼보에 귀의하나니, 불이란 깨달음이요, 법이란 바름이며, 승이란 청정함이라"고 하였고, 또한 "경에 '오직 자신의 부처님께 귀의한다' 하였고[只卽言自歸依佛:화엄경 정행품] 다른 부처에게 귀의한다고 하지 않았으니, 자성에 귀의하지 않는다면 돌아갈 곳이 없다"고 설함으로써, 삼보란 곧 자기 내면의 완전성인 본래 깨달음, 본래 바른 법, 본래의 청정함임을 설하고 있습니다.

우리 모든 중생들은 괴로움과 고통 속에서 살고는 있지만, 사실 우리의 근본은 무명에 가린 어리석은 중생의 모습이 아니라 거룩한 삼보가 거하는 본래 부처로써 바른 법이 이미 갖추어져 있고 본래부터 청정한 자성 삼보의 존재라는 것입니다. 이처럼 우리의 본질은 완전성을 갖춘 자성삼보의 존재이죠.

그렇기에 우리가 해야 할 일생일대의 과제는 본래 나왔던 자성삼보요 일심인 그 본래자리로 되돌아가는데 있습니다. '목숨을 다해 근원 자리인 자기의 본래성품 자리로 다시 돌아가야' 하는 것이지요. 이 길은 '돌아감'이라는 표현이 말해주듯이 새롭게 길을 내어 없던 길로 가는 것이 아니라, 본래 우리가 나왔던 근원의 자리, 다시 말해 생명의 고향이요 본향인 자성삼보로 되돌아가는 것일 뿐입니다.

우리는 애써서 새로운 깨달음을 얻거나 없는 열반을 만들어야 하는 것이 아닙니다. 다만 본래 구족되어 있는 부처를 드러내기만 하면 됩니다. 그렇기에 귀의는 나 자신이 본래 무능하고 어리석은 중생이 아니라 본래부처라는 무한권능의 마음을 내포하고 있습니다. 이것이야말로 깨달음을 구하는 수행자에게 있어서 가장 중요하고도 기본적인 마음가짐입니다.

귀의는 나마스(namas)에서 유래한 말로, 한역에서는 '나무(南無)'라고 음역하는데, 이는 곧 '의지처' 혹은 '피난처'의 의미를 지닌다. 폭풍과 비바람이 몰아칠 때 안전한 피난처를 구하듯, 고통 바다를 헤매는 중생들에게 불법승 삼보는 안전한 피난처가 될 뿐 아니라, 든든한 의지처가 됩니다. 불법승 삼보에 의지하게 되면 그 어떤 역경이나 고난이 온다고 할지라도 마음 안에 본래 완전하고 안전한 삼보라는 의지처요 근원적인 공간이 있음을 믿기 때문에 그 어떤 외부적 경계에도 휘둘리지 않을 수 있는 자기 중심이 서게 되는 것이지요.

부처님께서는 언제나 우리를 자비로써 100% 완전히 돕고 있지만 우리가 내 스스로 부처인 줄 모르고 중생이라 여기며, 스스로 부족하고 소외된 존재라 여김으로써 가슴을 활짝 열지 못하기 때문에 부처님의 그 무한한 도움을 받지 못하는 것일 뿐입니다. 귀의는 바로 그러한 중생이라는 생각, 어리석다는 생각을 내려놓고, 자신의 근원이 무량공덕의 바다인 삼보임을 자각하고 굳게 믿음으로써 나 자신을 부처님께로 활짝 여는 의식입니다. 귀의를 통해 가슴을 활짝 열게 되면 비로소 법신 부처님의 무한한 도움과 호념과 자비로운 가피를 온전히 100% 놓치지 않게 받게 되는 것이지요.

『제법집요경』에서는 "삼보에 귀의하는 이들은 천상의 즐거움을 누리고, 깨달음의 과보를 얻게 된다"고 하였으며, 『출요경』에서는 "청정한 신심을 가진 이가 있어 여래에게 법을 듣고 착한 뜻을 일으켜 삼보에 귀의하면 부처님의 청정한 계법을 받고, 다함이 없는 큰 공덕의 과보를 받게 될 것이다"라고 하였고, 『십이인연경』에서는 "괴로움에서 구하는 세 가지 방법이 있으니 불법승 삼보에 귀의하는 일이다"라고 하였습니다.

이처럼 부처님의 무한한 자비로운 도움을 스스로 제한하던 삶에서, 온전히 받아들이고 수용할 뿐 아니라, 내가 바로 불법승 삼보임을 인정하고 수용하는 삶으로 전환하는 인생 일대의 대전환이 바로 귀의인 것입니다.

귀의하는 방법은 어떨까요? 마찬가지로 특별한 하나의 방법으로 정해진 것은 없습니다. 말 그대로 마음으로 귀의삼보를 다짐하고, 발심할 수 있다면 그것이 곧 귀의입니다.

구체적인 방법은 그냥 간단하게 삼배만 해도 좋습니다. 삼배를 하는 이유도 바로 불법승 삼보에 귀의한다는 뜻이기 때문이지요.

귀의로써, 첫째는 삼배를 하는 방법이 있고, 둘째는 법회 때 하듯이 삼귀의 노래를 부르는 방법도 있습니다. 혹은 말로써 '거룩한 부처님께 귀의합니다. 거룩한 가르침에 귀의합니다. 거룩한 스님들께 귀의합니다.'라고 읽거나 독송하듯 외우셔도 됩니다. 또 다른 방법으로는 불공이나 기도의식을 할 때 처음 시작하는 방법인데요, 거불(擧佛)이라고 하여 염불 송으로 '나무 불타부중 광림법회(南無 佛陀部衆 光臨法會). 나무 달마부중 광림법회(南無 達摩部衆 光臨法會). 나무 승가부중 광림법회(南無 僧伽部衆 光臨法會)'라고 한 배 한 배 절하면서 귀의를 하셔도 무방합니다.

그리고 삼배를 하거나, 삼귀의 노래만 부르기 보다는 보다 갖춰서 귀의 의식을 하고 싶다면, 예불(禮佛)을 하실 수도 있습니다. 실제 조석예불 할 때는 가장 먼저 예불문으로부터 시작합니다.

예불은 부처님께 예배한다는 것인데, 사실은 귀의불법승 한다는 것입니다. 간단히만 살펴보면, 삼계(三界)라는 이 세계에서 길을 인도하시는 도사(道師)이시고 태란습화(胎卵濕化)로 태어나는 일체 모든 존재 즉 사생(四生)의 아버지이신 우리의 본래적인 스승이신[시아본사] 석가모니부처님께 먼저 예를 올립니다. 그리고 나서 지극한 마음으로 시방삼세에 제망찰해에 항상 계시는 부처님[불타야중]과 부처님의 가르침[달마야중]과 모든 스님들께[승가야중] 귀의를 합니다. 다만 귀의승의 부분에서 문수보살, 보현보살, 관세음보살, 지장보살님 등 모든 보살님들께 먼저 지극한 마음으로 예를 올리고, 다음으로 석가모니 부처님 당시부터[영산당시] 법을 전하라고 부촉하신 부처님의 십대제자와 16분의 성인, 500분의 성인, 홀로 깨달으신 독성,

1,200명의 아라한 등 셀 수 없는 자비문중의 모든 성스러운 스님들께 귀의를 합니다. 다음으로 인도에서부터 중국으로 또 다시 한국으로 불법의 요체를 전해오신 역대의 전법의 등불을 밝히신 모든 조사 스님들, 종사 스님, 일체의 헤아릴 수 없는 모든 선지식 스님들께 귀의를 하는 부분입니다. 이처럼 예불은 삼귀의를 보다 구체화하고 확장한 것이라고 생각하시면 됩니다.

참회

다음의 순서는 참회(懺悔)입니다. 보통 어느 절에서든 처음 기도를 시작하는 초심자 분들에게는 늘 참회기도를 먼저 하라고 권유하곤 합니다. 왜냐하면 아무리 좋은 것을 발원하려고 해도 과거의 티끌과 장애, 과거의 죄업들이 많으면 그 죄의식과 트라우마 같은 것들이 쌓이게 되고, 그것이 마음에 장애와 걸림이 되어 바른 길을 밝혀주지 못하기 때문입니다.

쉽게 말하면, 그릇에 깨끗한 물이나 음식을 담으려고 해도, 이미 그릇 안에 오염되고 썩은 음식이 담겨 있다면, 먼저 그 오래된 썩은 음식을 깨끗이 비우고, 청소를 해야 하는 것과 비슷합니다. 우리 마음이 과거의 수많은 악업과 죄의식들로 물들어 있다면, 먼저 그것을 참회와 용서를 통해 말끔하게 비우고 난 뒤에야 비로소 새로운 발심을 하고, 수행을 하고, 기도를 할 수 있기 때문입니다.

이처럼 참회는 과거에 알게 모르게 저질렀던 모든 잘못을 참회하고, 완전히 용서해 줌으로써, 마음속의 죄의식을 청정하게 비우는 수행입니다. 참회를 통해 비로소 기도와 수행을 할 수 있는 준비 작업을 마친 것이라고 할 수도 있을 것입니다.

참회에 대해 공부하려면 먼저, 죄를 짓는 것과 참회하는 것 사이에 담긴 원리를 먼저 살펴보아야 합니다.

'죄를 지으면 반드시 그 죗값을 치러야 할까? 부처님이나 혹은 진리는 죄를 지은 사람을 용서하실까 아니면 벌을 주실까?'

사실 진리는, 부처님은 죄 지은 사람을 단죄하는 법칙을 만들지 않았습니다. 아무리 큰 죄를 지었다 할지라도 오로지 대자대비한 사랑으로 용서할 뿐이지요.

그렇다면 인과응보는 뭐고, 잘못한 사람이 받는 과보는 뭐고, 천벌은 무엇이며, 지옥은 또 무엇일까요? 보통 사람들은 인과응보의 목적을 단죄 혹은 죄 지은 사람을 벌할 목적이라고 생각합니다. 물론 죄 지은 사람은 벌을 받고, 선을 행한 사람은 복을 받는 것은 당연한 인과응보라는 균형의 법칙이지요. 이를 자작자수(自作自受) 혹은 자업자득(自業自得)이라고 합니다. 그러나 여기에 한 가지 간과하고 있는 것이 있습니다.

인과응보를 받는 것은 분명하지만, 그 목적은 단죄에 있는 것이 아니라, 깨달음에 있다는 사실이지요. 인과응보가 일어나는 이유는 그 사람에게 '잘못했으니 당해도 싸다'거나, '죄를 지었으니 당연히 벌을 받아야 한다'거나 하는 이유가 아니라, 죄를 지은 사람에게 자신의 죄를 깨닫고 참회할 수 있도록, 자신의 잘못을 깨닫게 해 주기 위한 목적으로 일어납니다.

쉽게 말하면 우주법계는 우리를 너무나도 사랑하고 깨닫게 해 주고 싶기 때문에 그가 깨달을 때까지 그에 합당한 과보를 받게 하는 것이죠. 그것이 바로 동체대비의 사랑이며, 부모님의 자식 사랑의 매와도 흡사한 방식입니다.

결과적으로 벌을 받는 것은 똑같은 것 아니냐고 하겠지만, 이것을 깨닫는 것은 삶의 방식에 큰 변화를 가져옵니다. 이 말을 달리 표현한다면 죗값을 치르는 것이 중요한 것이 아니라, 그 목적이 지혜와 자비라는 그 근원의 원리를 아는 것이 중요한 것입니다.

즉 죄업을 지었을지라도 벌을 받기 전에 먼저 그 죄업에 대해 참회하고 깨닫게 된다면 그 죄의 과보를 기계적으로 받지는 않아도 된다는 것을 의미합니다. 그래서 불교에서의 인과응보는 기계적인 것이 아니라고 하는 것이지요. 기계적으로 무조건 받아야만 하는 것이 아니라, 얼마나 깨달았느냐에 따라, 더 크게 혹은 더 작게 받게도 되고, 다른 방식으로 받음으로써, 받지 않는 효과를 얻게 될 수도 있는 것입니다.

『앙굿따라 니까야』의 소금물의 비유도 이 원리를 표현하고 있습니다. 그릇에 소금(죄업)이 가득 담겨 있으면 어떻게든 그 소금물을 다 자신이 먹어야 합니다. 그러나 그릇을 크게 키우게 되면 소금물을 계속 마시더라도 크게 짜지 않게 먹을 수도 있지요. 여기에서 그릇을 키운다는 것이 바로 참회와 용서, 보시와 수행을 통해 복덕과 지혜를 증장한다는 것을 의미합니다.

이와 같이 그 어떤 죄업을 지었더라도 진정한 참회를 통해 업장소멸, 죄업의 소멸이 가능한 것입니다. 더 정확히 말한다면 자작자수로써 죄업은 받아야 하겠지만 참회를 통해 다르게 익어가게 함으로써 죄업이 소멸되는 효과를 볼 수 있는 것이지요.

그렇다면 참회를 하면 과거의 죄업이 사라지는 것일까요? 『천수경』에는 '죄무자성종심기(罪無自性從心起) 심약멸시죄역망(心若滅是罪亦忘) 죄망심멸양구공(罪忘心滅兩俱空) 시즉명위진참회(是卽名爲眞懺悔)'라고 함으로써 죄라는 것은 본래 자성이 없어 마음 따라 일어난 것일 뿐이라고 설합니다. 죄의식이라는 마음이 멸하면 죄 또한 소멸하지요. 죄와 죄의식이라는 마음 모두 공한 것임을 바로 깨닫는 것이야말로 참된 참회임을 설하고 있습니다.

이 세상 모든 일은 『금강경』에서 '몽환포영(夢幻泡影)'이라고 했듯이, 꿈과 같고 헛개비와 같으며 물거품 같고 그림자와 같아서 실체가 있는 것이 아닙니다. 죄업 또한 고정된 실체적인 것이 아니지요. 죄의식에 사로잡혀 죄업을 실체로 여기는 마음이 거짓으로 죄업을 꾸며내는 것일 뿐 실체적인 죄는 있지 않습니다. 사실 고정된 절대적인 선악이나 옳고 그른 것은 없습니다. 어떤 나라에서는 죄가 되는 것이 다른 나라에서는 오히려 선이 될 수 있지요.

이처럼 선악이나 죄업이 고정된 실체가 아니라면, 우리 마음속의 모든 죄의식은 실체이고 고정된 죄악이 아니라 우리 마음속에서 만들어낸 허망한 것일 뿐이라는 결론이 나옵니다. 그렇기 때문에 불교에서는 그 어떤 최악의 죄를 지은 사람이라 할지라도 진실 된 마음으로 참회를 한다면 죄의 업장이 소멸되고 참회가 이루어질 수 있다고 설합니다. 죄도 선도 모두가 마음에서 만들고 마음에서 소멸시키는 '마음 안에서 이루어지는 허상'일 뿐이기 때문입니다.

실제 『대보적경』에서는 "백천만겁 동안 오래 익힌 번뇌의 업이라도 일실(一實)로 관찰하면 곧 모두 소멸된다"고 했고, 『제법무행경』에서는 "만약 보살이 일체중생의 성품이 곧 열반의 성품임을 볼 수 있다면 모든 업장과 죄를 소멸시킬 수 있다"고 함으로써, 그 어떤 큰 죄업이라 할지라도 죄의 실체를 바로 관해 볼 수 있으면 죄업이 소멸된다고 설하고 있습니다. 또한 『천수경』에서는 '백겁적집죄(百劫積集罪) 일념돈탕진(一念頓蕩盡) 여화분고초(如火焚枯草) 멸진무유여(滅盡無有餘)'라고 하여 "백겁이나 쌓아 온 온갖 죄업일지라도 한 생각에 단박에 녹아 없어지나니 마른 풀이 불에 타서 없어지듯이 남김없이 사라져 자취가 없다"고 하였습니다.

이러한 참회의 공덕에 대해 많은 경전들에서 설하고 있는데요, 『업보차별경』에서는 "만일 어떤 사람이 무거운 죄를 지었더라도 짓고 나서 깊이 스스로 뉘우치고 참회하며 다시 짓지 않는다면 능히 그 근원적인 업을 없앨 수 있다"라고 함으로써 참회로써 죄업이 소멸될 수 있음을 설하고 있습니다. 또한 『사십이장경』에서는 "사람이 많은 허물이 있으면서도 뉘우치지 않고 그대로 지나간다면 냇물이 바다로 들어가 점점 깊고 넓게 되듯 죄 또한 무겁게 쌓여 간다. 그러나 허물이 있을 때 스스로 그릇된 줄 알고 악을 고쳐 선을 행하면 죄가 저절로 없어질 것이니, 병자가 땀을 내고 차차 회복되어 가는 것과 같다."고 함으로써 허물이 있을 때 바로 뉘우치고 참회하며 그 악을 고치고 선을 행하면 죄가 소멸된다고 설하고 있습니다.

『열반경』에서도 "악을 저질렀다면 바로 이를 고백하며, 뉘우치고, 부끄러워하여 다시는 그런 악을 저지르지 않도록 주의해야 한다. 탁한 물도 마니주를 놓으면 그 힘으로 물이 곧 맑아지고, 안개나 구름도 걷히면 달이 곧 청명해 지듯이 악을 지었더라도 참회하면 이와 같이 사라진다. 비록 죄를 범한 것이 있더라도 참회하여 뉘우치면 깨끗해지게 마련이다"라고 함으로써 참회의 공덕을 설하고 있으며, 『선가귀감』에서도 "죄가 있으면 바로 참회하고, 잘못이 있으면 부끄러워할 줄 아는 데에 대장부의 기상이 있다. 허물을 고쳐 스스로 새롭게 된다면 그 죄업 또한 마음 따라 사라질 것이다"라고 했습니다.

이처럼 참회의 공덕은 무량하며, 그 어떤 최악의 죄를 지었다고 할지라도 마땅히 뉘우치고 참회한다면 그 모든 죄업은 사라지고, 그 청정해진 마음으로 수행해 나아간다면 마땅히 아라한과를 증득할 수도 있음으로 앙굴리마라가 말해주고 있습니다. 앙굴리마라는 스승의 꾀임에 빠져 99명의 목숨을 죽였던 전무후무한 희대의 살인마였지만 지난 과거의 잘못을 깊이 뉘우치고 참회한 뒤 부처님께 귀의하여 다시 태어났을 뿐 아니라, 출가 수행하여 결국 아라한과를 증득할 수 있었습니다.

이처럼 우리가 아무리 큰 잘못을 지었다 할지라도 불법문중에서는 죄의식에 사로잡힐 필요도, 그 죄업이 발목을 잡아 인생을 망칠 필요도 없습니다. 진실된 마음으로 참회만 할 수 있다면 그 어떤 죄업 또한 소멸될 수 있기 때문이지요.

그러나 참회기도는 너무 오래 계속해서 할 필요는 없으며, 짧게 하고 끝내는 것이 좋습니다. 왜냐하면 죄의식을 계속 강화 시킬 수도 있기 때문입니다. 어떤 분은 '나는 죽을 때까지 참회기도를 하겠다.'고도 하시던데요, 그렇게까지 하실 필요는 없다는 것입니다. 그것은 죽을 때까지 죄의식을 붙잡고서, 죄가 참회가 안 되었다고 믿는 것과 다를 것이 없기 때문입니다.

참회기도를 3일이든, 7일이든, 21일이든 진지하게 하고 난 뒤에는 '이미 참회가 끝났다'라고 굳게 믿고 훌훌 털어 버리는 것이 좋습니다. 사실 죄라는 것 자체가 실체가 없기 때문에, 마음에서 일어나는 것일 뿐이기 때문입니다. 마음에서 죄의식을 놓아버리고, 참회하고 용서를 한다면, 그 죄의식 또한 붙을 자리가 없어지기 때문입니다.

참회기도의 방법은 여러 가지가 있을 수 있습니다. 이 또한 정해진 수행법이 있지 않은 것은, 참된 참회란 어떤 방편을 통해서든 '죄무자성종심기(罪無自性從心起)'라는 죄의 실체 없음을 깨닫고, 과거에 지은 잘못을 진심으로 뉘우치며, 앞으로는 더 이상 짓지 않겠다는 분명한 자기 다짐을 하는 의식이기 때문입니다. 그렇기에 한생각 돌이켜 진심으로 참회하고 용서를 구한다면 그 한 마음으로 곧바로 참회가 이루어질 수도 있습니다.

그렇다면 보통 불자들이 일상생활 속에서 실천할 수 있는 참회기도, 참회수행의 방법은 어떤 것들이 있을까요? 먼저 가장 대표적으로는 절 참회가 있습니다. 108배든, 300배든, 1000배든, 절 수행을 하면서 한 번씩 절을 할 때마다 '참회합니다'라고 외치면서 절을 할 수도 있고, 절 한 번 올릴 때마다 108참회문을 하나씩 읽으면서 참회하는 방법도 있습니다. 구체적인 죄업이 떠오르는 것은 절을 하면서 구체적으로 참회를 하고, 구체적으로 생각이 나지 않는다면 '과거에 알게 모르게 지은 모든 죄업을 진심으로 참회합니다'라는 마음으로 참회를 해도 좋습니다.

또한 절을 하면서 『천수경』에 나오는 십악참회(十惡懺悔)를 하나하나 외울 수도 있습니다. 절을 한 번 할 때마다 '살생으로 지은 죄업을 오늘 모두 참회합니다'를 반복하면서 지난 과거생에 알게 모르게 지은 살생의 죄업을 참회하는 것이지요. 혹은 구체적으로 과거에 짐승이나 작은 생명 등을 해친 기억이 떠오른다면 그 떠오르는 죄업에 대고 '살생중죄 금일참회'라고 말하거나 참회문을 독송할 수도 있습니다. 계속해서 절을 하며 참회문을 독송하다가 어느 순간 더 이상 죄의식이 올라오지 않고, 그 참회의 항목에 대해 더 이상 거리끼는 마음이 올라오지 않고 고요해지게 된다면, 그 다음의 항목인 '투도중죄 금일참회'로 넘어가는 식으로 참회기도를 올리는 것이지요. 이런 식으로 몸으로 짓는 세 가지[살생, 투도, 사음], 입으로 짓는 네 가지[망어, 악구, 양설, 기어], 뜻으로 지은 세 가지[탐애, 진에, 치암]의 죄업을 참회하는 것입니다.

다른 방법으로는 염불 혹은 다라니 진언을 통한 참회로써, 불보살님의 명호를 외우거나, 참회진언을 외우거나, 대비주[신묘장구대다라니]를 독송하면서 참회의 마음을 일으키는 것도 좋은 참회기도가 됩니다. 염불이나 다라니, 진언을 외우면서 마음속으로 참회의 마음을 일으키는 것이지요.

이상과 같이 염불이나 진언 독송, 혹은 절 수행 등을 참회기도에 접목시켜서 참회를 하는 방법도 있지만, 그저 단순하고 정직하게 '참회합니다 용서합니다', '수용합니다 용서합니다' 혹은 '잘못했습니다. 저를 용서하세요. 진심으로 참회합니다'라는 말을 계속해서 염불하듯 반복하는 것도 구체적이고 좋은 참회기도가 될 수 있습니다. 하루에 100번이든, 300번 혹은 1,000번이든 기간이나 횟수 등을 정해 놓고 꾸준히 '참회합니다 용서합니다'라고 반복해서 염불하듯 참회하는 것이지요.

또한 자신이 지은 죄업에 대해 참회문을 적어 읽으면서 참회하거나, 구체적으로 죄업을 설명하면서 부처님 전에 다시는 죄업을 짓지 않겠다는 다짐을 바치는 것도 하나의 방법이 될 수 있습니다.

『사리불회과경』에서는 "과거에 지은 악업을 어떻게 참회하여야 합니까?" 하는 사리불의 질문에 대해 부처님께서는 "어떤 선남자 선녀인이 도를 구하고자 한다면... 항상 아침, 저녁, 인정, 밤중, 새벽에 씻고 양치질하고 의복을 정갈하게 하고 합장하여 시방에 예배하고, 어느 쪽을 향하던지 마땅히 허물을 뉘우쳐서 다음과 같이 말하도록 하라. '저희가 과거 무수한 겁으로부터 지은 과오를... 원컨대 시방 모든 부처님을 따라 자비를 구하고 참회하옵니다. 저희들로 하여금 이 세상에서 또한 이 죄과의 재앙을 입지 않게 하여 주시옵소서. 시방의 모든 부처님께 자비를 구하는 까닭은 부처님께서는 환히 보고 들으시오니 감히 부처님 앞에서 속이지 못하겠습니다. 저희들에게 있는 나쁜 허물을 감히 덮어서 감추지 못하오나, 앞으로는 감히 다시 나쁜 죄업을 범하지 않겠나이다'

이처럼 부처님께서도 자신이 지은 잘못과 과오, 죄에 대해 '참회합니다' '재앙을 입지 않게 하소서' '다시는 범하지 않겠습니다'라고 직접적으로 고해 바침으로써 참회가 될 수 있음을 설명하고 계십니다.

특히 천수경을 독송하다 보면 다양한 참회의 방법이 나옵니다. 사참회게를 외우고, 이참회게를 외우기도 하고, 참회진언을 계속해서 반복적으로 외우는 진언을 통한 참회기도의 방법도 있습니다. 혹은 중생들의 참회를 돕겠노라고 발심을 세우신 '참제업장십이존불'이라는 부처님의 명호를 반복적으로 외우는 염불의 방법을 통해 참회기도를 할 수도 있습니다.

그러나 이 책에서는 전통적으로 참회기도 할 때 가장 많이 쓰는 '참회문'을 적어 놓았습니다. 위에서 말한 참회는 천수경 경문 안에 다 들어 있기 때문에 따로 적을 필요가 없기 때문입니다. 여기에서는 전통적으로 많이 독송하는 한문 참회문을 적어 놓았으며, 한문 참회문만 독송하기 보다는 그 뜻을 음미하며 참회하는 것이 더 효율적이기 때문에 한문 참회문 뒤에 자연스럽게 독송할 수 있도록 한글 참회문 해석본도 함께 편집을 해 두었습니다. 이 참회문을 처음부터 끝까지 천수경을 독송하듯이 독송하면서 마음으로 참회를 하면 됩니다.

발원

참회문을 독송하며 참회를 한 뒤에는, 발원을 할 순서입니다. 마음을 맑게 비우고, 과거의 죄의식과 악업을 다 털어버린 뒤에, 그 청정해진 마음으로 새로운 발심을 채워 넣는 것이지요.

참회문을 독송한 뒤에 발원문을 독송하시면 되고요, 다만 그동안 참회기도는 너무 많이 해 왔다고 여기시는 분들께서는 참회문을 생략하고 발원문을 바로 독송하셔도 됩니다.

발원이란 말 그대로 원을 세우고 일으키는 것인데요, 스님 또는 신도가 불법승 삼보님께 자신과 대중의 바람과 원하는 바를 일으키고 발함으로써 자신의 원력을 부처님께 공양 올리듯 고(告)하는 의식입니다.

원이란 원하는 것인데, 우리가 흔히 생각하는 소원과 발원은 차이가 있습니다. 소원은 개인적인 아상과 에고에서 일어나는 것으로 '내가 잘 되기를 바라는' 이기적인 소망을 말하지만, 발원은 아상을 넘어서서 일체 중생을 구제하고자 하는 이타적 원력입니다.

예를 들어 '부자가 되기를 바란다'고 했을 때, 개인적인 소원일 경우에는 부자가 되어 잘 먹고 잘 살기 위해 부자가 되기를 바라는 것이겠지만, 발원은 똑같이 '부자가 되기를 발원'하는 것이지만 부자 그 자체가 목적이 아니라 부자가 됨으로써 가난한 보다 많은 이들을 구제하고 도움을 주겠다고 하는 이타적인 원력이 바탕이 되는 것입니다.

발원에는 아미타 부처님의 48대원, 약사여래의 12대원 등과 같이 불보살님께서 세운 개별적인 서원인 별원(別願)이 있고, 사홍서원과 같이 모든 이들이 공통적으로 세워야 하는 총원(總願)이 있습니다.

발원문은 본인이 발원하는 바를 하나의 발원문으로 적은 뒤에 그것을 읽는 것이 가장 좋습니다. 그러나 많은 분들이 혼자서 발원문을 적는 것을 어려워하시는데요, 올바른 발원문을 적으려면, 먼저 다음의 네 가지 구성요소가 담겨 있는지를 살펴보시면 됩니다.

첫째는 삼보님께 귀의를 다짐하는 귀의분(歸依分), 둘째로 지어온 바 죄업이 소멸되기를 바라며 뉘우치는 참회분(懺悔分), 셋째는 원하는 바의 발원 내용을 하나하나 부처님께 아뢰는 행원분(行願分) 혹은 발원분(發願分) 그리고 마지막으로 발원문의 마무리로써 모든 공덕을 일체 중생에게 되돌려 회향하며 불국토 성취를 기원하는 회향분(廻向分)으로 구성됩니다. 여기에 때로는 불보살님의 공덕을 찬탄하는 찬탄분이 추가되기도 합니다.

아래에 보편적으로 사용할 수 있는 '일상발원문'에서 어떻게 귀의, 참회, 발원, 회향이 담겨 있는지를 살펴보겠습니다.

[귀의]

"시공을 초월해 항상 하시는 부처님. 저희들은 그동안, 밝은 부처님의 성품을 등지고 살아왔습니다. 이제 마음을 돌이켜 본래 고향인 부처님의 자리로 돌아가고자, 거룩한 삼보님께 지극한 마음으로 귀의하옵니다."

[참회]

"저희들은 너와 내가 서로 연결되어 있다는 진리를 모른 채 나만 생각하며 살아왔고, 나와 내 것이 영원하지 않은 줄 모르고 끊임없이 집착하며 살아왔습니다. 무명과 애욕에 가려 어리석게 살아 온 지난날을 참회합니다. 욕심 많고 화 잘 내고 어리석어 저질러 온 모든 잘못을 지극한 마음으로 참회하옵니다."

[발원]

"거룩하신 부처님, 이제 저희들은 부처님의 지혜와 자비를 깨달아 완전한 행복인 열반에 이르기를 서원합니다. 위로는 수행과 정진으로 깨달음을 이루고 아래로는 모든 이들의 참된 행복을 위해 이타적인 삶을 살아가기를 부처님 전에 발원합니다."

[회향]

"저희들의 이러한 참회와 발원, 수행과 나눔의 공덕을 온 우주법계로 널리 회향하오니, 바라옵건대 부처님이시이 저희들의 간절한 발원이 원만히 이루어지게 하시옵소서. 이 공덕으로 멀리 있거나 가까이 있거나 모든 사람, 모든 생명에게 행복과 평화가 항상하게 하여 주시옵소서."

개별 발원문을 적을 때는 이처럼 위의 네 가지 요소가 잘 드러나게 쓰시면 좋고, 그러나 너무 형식에 얽매이지 않고 자유롭게 발원문을 써도 좋습니다. 다만 직접 다 쓰기가 어려운 사람이라면 위 발원문의 구성 중에서 특별히 행원분의 끝부분에 자신 개인의 발원 내용을 추가하여 자신의 개인 발원문을 만들 수도 있습니다. 혹은 특별히 참회할 내용이 있다면, 참회부분에 자신 개인의 참회 내용을 추가할 수도 있겠지요.

만약 본인이 발원문을 직접 쓰기 어려워하실 분들을 위해서 다음 장 법요집의 본문에 일상발원문을 적어두었습니다. 일상발원문은 가장 보편적이고 일반적인 발원문으로 귀의, 참회, 발원, 회향 등 발원문에 꼭 들어가야할 내용들이 고루 갖춰진 발원문이며, 별도로 자신의 개별적인 발원 내용을 적을 수 있도록 해 두었습니다. 밑줄 쳐져 있는 부분에 예시 내용을 참고하여 자신의 개별적인 발원의 내용을 적은 뒤, 기도수행 할 때마다 자기만의 일상발원문을 읽으시면 되겠습니다.

예시에 적어 놓은 것처럼, '저의 아들 00생 000가 금년 수능시험에서 합격함으로써 이 사회의 큰 빛이 될 수 있기를 발원합니다.' 이런 식으로 내 개인의 발원이 세상에 회향이 될 수 있도록 발원 내용을 적으시면 됩니다. 자기 개인만을 위한 기도가 아닌, 널리 이 세상으로 회향될 수 있도록 발원을 적게 되면, 자기의 개인적인 복만이 아닌 우주법계의 무량대복이 깃들게 되고, 그 발원은 개인적인 소원을 넘어 우주법계를 밝히는 발원이 되기 때문입니다.

또한 일상발원문 뒤에는 보다 구체적으로 활용할 수 있는 다양한 발원문 예문을 적어두었습니다. 가족을 위한 발원문, 부모님께서 자녀들을 위해, 남편을 위해 할 수 있는 발원문, 학업성취 발원문, 자비발원문 등 다양한 발원문이 있으니 적절하게 활용하시면 되겠습니다.

중요한 점은 발원을 하면서, 부처님께 본인이 원하는 바를 말씀을 드렸으면 되었지, 발원 이후에 기도수행을 하면서 계속해서 발원의 내용을 중간중간에 떠올릴 필요는 없다는 점입니다.

염불 수행을 조금 하다말고, 금강경 독송을 조금 하다말고 중간에 '혹시 부처님이 잊어버리셨을지 모르니 계속 말씀드려야 하지 않을까' 싶은 생각이 들어, 기도 수행 중에 자꾸만 내가 원하는 발원을 계속 되새기며, '부처님 아까 말씀드린 것 잊지 않으셨죠?', '부처님! 아들 수능시험 꼭 잘 보게 해 주세요' 하면서 일일이 다시 떠올릴 필요는 없습니다.

내가 알면 부처님은 무조건 압니다. 나와 부처님이 둘이 아니기 때문입니다. 내가 간절하면 내 안의 부처님도 똑같이 간절한 것입니다. 그러니 내 마음을 들춰내어 자꾸만 확인시켜드릴 필요는 없다는 것이지요.

기도 수행을 할 때에는 오로지 마음을 비우고, 기도 수행하는 거기에만 몰입하고, 온갖 생각들, 발원들을 잠시 내려놓고 텅 비운 채 하는 것이 좋습니다.

경전 독송

신도님들께서 많이 행하는 기도 수행으로는 경전독송, 주력수행, 염불수행, 절수행, 명상과 참선 등이 있습니다.

먼저 경전독송에 대해서는 경전 독송 시작하는 곳에 주석으로 경전 독송 수행하는 방법을 간단하게 적어 놓았으니 참고하시면 됩니다.

이 책에는 우리나라에서 가장 많이 독송되는 경전인 반야심경, 천수경, 법성게, 금강경 등을 옮겨 놓았으며, 아울러 남방불교에서 많이 독송되는 자비경, 행복경 등 또한 실어두었고, 대소승 불교 경전의 핵심적인 내용이면서 생활 속에서 독송하며 실천하기 좋은 경전의 핵심 경구들을 뽑아 '불교경전 독송선집'이라는 형식으로 한글로 독송하기 좋게 옮겨 놓았습니다.

짧은 경전은 하나의 경전을 3번, 7번, 10번, 21번, 49번, 100번 이런 식으로 반복해서 독송해도 좋고, 혹은 여러 경전들을 함께 독송해도 좋습니다. 예를 들어 '반야심경 – 천수경 – 금강경' 이런 식으로 독송해도 좋고, '천수경 – 자비경 – 최상의 행복경 – 불교경전 독송선집' 이런 식으로 독송해도 좋고, 적절하게 본인의 기도 시간에 맞춰 돌아가면서 경전을 독송해도 무방하겠습니다.

다만 경전을 독송할 때는 처음에 '정구업진언 – 오방내외안위제신진언 – 개경게 – 개법장진언'을 먼저 외운 뒤에 경전의 본문을 독송하고 독송이 끝난 뒤에는 회향게를 외우며 끝내는 것이 통상의 관례입니다.

여기에 나오는 경전이 아니더라도, 법화경, 화엄경, 니까야, 유마경, 반야경 등 다양한 경전이나 어록, 논서 등을 독송해도 좋으며, 한 번에 다 독송하기가 어려우면 하루에 20분, 30분씩 시간을 정해 독송하면서 읽어 가셔도 좋습니다.

독송하는 방법은 크게 두 가지가 있습니다. 많은 분들이 독경과 관련해 질문하시는 것이 있는데요, '경전의 뜻을 이해하면서 독송해야 하는가? 아니면 뜻을 모르더라도 그냥 독송해도 되는가?' 하는 점입니다. 아마도 한문으로 『금강경』을 독송하는데 뜻을 이해하면서 독송 할 수 있는 능력을 가진 사람은 별로 많지 않을 겁니다. 더욱이 신묘장구대다라니 같은 것은 뜻을 이해하지 못하는 것이 당연하겠지요.

경전을 독송할 때는 두 가지 방법 중에 한 가지를 선택하면 되는데요, 첫 번째는 한글로 독송하면서 한글 경전의 의미를 음미하면서 독송 하는 방법이 있습니다. 그것을 주로 간경(看經)이라는 표현을 쓰기도 해요. 이것은 경전을 통해 지혜를 증장하는 방식이죠. 이 방법을 위해서 불교경전 독송선집이라는 부분을 별도로 요약 편집한 것이기도 합니다.

두 번째 독송 수행의 방법은 한문으로 금강경이나 한문으로 된 경전을 독송하면서 뜻을 생각하지 않고 오로지 그 경전에 소리에 집중해서 그 소리가 똑똑히 내 귀에 들리도록 독송하는 방법이 있습니다. 이때에는 내용은 중요하지 않죠. 내용은 중요하지 않고 경전이라는 밝은 부처님 말씀의 에너지를 방편 삼아 경전독송 소리에 집중함으로써 공부를 해 나가는 것입니다.

이 두 번째 방법이 경전독송이나 주력수행이나 염불수행이나 절 수행에도 다 포함되는 방법입니다.

선(禪)에서는 '깨달음이 무엇입니까?' 하는 질문, 혹은 '도가 무엇입니까?' 하는 질문에 "마른 똥막대기다." "마삼근이다." "차나 한잔해라." 이런 말을 쓰곤 합니다. '마른 똥막대기다.' 했을 때 마른 똥막대기가 뭔지 머릿속으로 그려서 '왜 마른똥막대기가 부처지?' 이렇게 생각하면 그것은 전혀 선과 어긋나는 것입니다.

'마른 똥막대기' 라는 말 뜻, 의미를 따라가는 것이 중요한 게 아닙니다. 말이야 컵이라고 해도 좋고, 물수건이라고 해도 좋고, A4용지라고 해도 좋고, '뜰 앞의 잣나무'라고 하거나, '할'하고 소리치거나 아무 상관이 없습니다. 중요한 것은 그 말이 나오는 자리, 그 소리를 듣는 성품, 그것을 확인하라는 얘기입니다. 그러니까 어떤 말이 나오는 지는 중요하지 않은 것이지요.

"도가 무엇입니까?"
"마이크다.", "A4용지다.", "축원카드다."
"관세음보살", "마하반야바라밀", "옴 마니 반메훔"

뭐라고 말해도 상관없습니다. 왜 그럴까요? 그 마이크나 관세음보살이나 축원카드에는 별 볼일이 없기 때문입니다. 그런 말들은 전부 달을 가리키는 손가락일 뿐, 달이 아니기 때문입니다. 전부 다 방편일 뿐이기에, 핵심은 방편이 아니라, 방편이 가리켜 보이려고 하는 낙처(落處:귀결점)가 중요합니다.

손가락을 통해 달을 가리키려고 하는 것처럼, 이 말을 통해 말 너머의 본성(本性)을 가리켜 보여주는 것입니다. 듣는 성품, 들리는 성품, 보는 자, 보는 성품, 경전을 독송하면서, 염불하면서, 진언염송 하면서 그 소리가 나오는 곳, 그 소리를 듣는 자, 그것을 확인하고자 하는 것이 바로 마음공부이고, 수행이며, 선입니다.

즉 『금강경』을 독송하면서 『금강경』의 내용을 음미하는 것이 아니라 한문으로 "금강반야바라밀경 여시아문 일시불 제사위국기수급고독원…" 하면서 '이 소리를 이렇게 뱉어 내고 있는데 도대체 이 소리가 나오는 출처가 어디냐?', '어디서 이 소리가 나오고, 어디서 이 소리를 똑똑히 듣고 있느냐?', '말 하는 놈이 누구고, 듣는 놈이 누구냐?' 그것을 확인하기 위해서 보는 것이죠. 관(觀)하는 것입니다. 그래서 '염불하는 놈이 누구냐?', '경전 독송하는 놈이 누구냐?' 하고 화두처럼 들고 독송을 하는 것입니다.

사람들은 선과 염불과 위빠사나와 기도와 수행은 다른 것이라고 생각하곤 하는데요, 그것이 전혀 다른 것이 아닙니다. 독경하면서 독경하는 놈이 누구인가 하면 그것이 간화선이고, 화두가 되며, 선이 되고, 독경하는 놈이 누구인지를 머리로 헤아리는 것이 아니라 그저 모를 뿐의 상태에서 그저 있는 그대로 분별없이 보기만 하는 것, 그것이 바로 위빠사나이며 관수행이고, 명상입니다. 수행에서 가장 중요한 것이 바로 머리로 분별하거나 헤아리지 않는 것입니다. 헤아리지 않고, 생각하지 않고, 분별하지 않은 채로 '독경하는 자 누구인가?'에 대한 답을 내어 놓아야 합니다. 그러려면 그저 궁금한 의문을 품은 채, 꽉 막히게 됩니다. 의식으로 헤아릴 수 없으니 아무런 할 것이 없습니다. 그것이 바로 무분별의 관수행입니다. 위빠사나, 관이라는 것은 곧 분별하지 않고 보라는 것이거든요. 분별하지 않고 꽉 막힌 채 그저 볼 뿐, 더 이상 의식적으로 할 수 있는 것이 없어집니다. 손발이 꽉 묶여버리죠. 그것이 바로 은산철벽이고, 화두를 드는 것이며, 그것이 바로 선의 공부, 마음공부입니다.

이것이 모든 기도 수행법에도 똑같이 적용됩니다. 그래서 꼭 그 의미를 생각하면서 독경할 필요가 없다고 하는 것입니다. 이후에 나오는 진언, 다라니, 염불, 절, 명상, 선에서도 다 마찬가지입니다.

구체적으로 조금 더 독경 수행에 대해 설명드리면요, 먼저 경전을 독경할 때는 무릎을 꿇거나 가부좌를 하거나 장궤합장[무릎을 꿇은 상태에서 엉덩이를 들어올린 자세]을 하시고, 경전을 눈높이까지 올려 들으시고 웅성 웅성, 웅얼 웅얼 거리며 읽지 마시고 또박 또박 독경하는 것이 좋습니다. 또박 또박 독경하시면서 내 독경 소리를 내 귀로 온전히 집중하여 들으시면서 독경 중에 일어나는 온갖 마음들을 잘 관(觀)하는 것이지요.

경전이라는 것은 부처님의 가르침입니다. 삼보(三寶) 가운데 하나인 법보(法寶)입니다. 그 자체가 귀의의 대상이지요. 우리가 큰 스님 법문을 들으며 환희심을 내고, 잘 들으려고 한 소리도 놓치지 않으려고 하는 것처럼 그렇게 밝은 마음, 간절한 마음으로 독경을 하면 됩니다. 큰스님을 뵈면 존경스럽고 공경스러운 마음이 들 듯, 부처님을 뵈면 한없는 공경심이 들 듯, 그렇게 경전을 대해야 하며 그런 마음으로 독경을 합니다.

독경을 한다는 것은 내 안의 자성 부처님께서 우리에게 설법을 하고 계시는 것과 같습니다. 그러니 어때요. 부처님께 설법을 듣고 있는 것입니다. 내가 독경을 하지만 자성 부처님께서, 법신 부처님께서 우리에게 설법을 하고 계신 것이지요. 그러니 독경할 때는 부처님 앞에서 설법을 듣고 있다는 마음으로 정성스런 마음, 공경스런 마음, 찬탄하는 마음, 밝은 마음, 간절한 마음으로 하도록 합니다.

실제로 그런 간절하고 지극한 마음으로, 부처님께 법문 듣는 마음으로 독경을 하면 시공을 초월하여 부처님께서 법신으로 화하여 우리 앞에 서서 참으로 법문을 설하고 계시는 것과 다르지 않습니다.

정말이지 부처님이 내 앞에 계시다면, 하는 상상을 해 보셨겠지만 부처님은 늘 내 앞에, 내 안에 계시면서 우리의 일거수 일투족을 그대로 지켜보고 계십니다. 내가 바로 부처님이기 때문이지요.

주력수행

다음에는 주력수행인데 주력수행도 마찬가지겠죠? 주력(呪力), 다라니(陀羅尼), 만트라(mantra) 등은 뜻이 없습니다. 왜 뜻이 없을까요? 뜻을 헤아리지 말라는 것이죠. 뜻을 헤아리지 말고 오로지 그 진언에 마음을 모으라는 것입니다. 「신묘장구대다라니」를 하든 「광명진언」을 하든 「불설소제길상다라니」를 하든 그것을 외우면서 뜻으로 헤아리거나 생각을 일으키지 말라는 것입니다. 진언이나 다라니는 특히 그 뜻을 해석하지 말라고 하는데 그 이유도 여기에 있습니다. 뜻을 해석하지 말고, 그저 주력, 다라니, 만트라를 반복하여 외우는 것입니다. 주력 등은 따로 해석할 수가 없으니, 머리로 헤아리지 못하게 되어 더없이 생각을 가로막히게 하는 좋은 수행방법이 될 수 있습니다.

진언을 독송함으로써 '이 독송하는 자가 누구인지? 이 소리가 일어나는 곳이 어디인지? 소리가 일어났다 사라지는 곳이 어디인지?' 그것을 확인하는 마음으로 하는 것입니다. 그래서 생각과 번뇌 망상을 버리고 그 진언의 소리에 딱 집중하는 것입니다. 아무런 생각도 일으키지 않고. 그러니 그저 '이 하나의 진리'를 확인해야겠다는 발심을 바탕으로 그저 있는 그대로 바라볼 뿐, 머리로 애써서 헤아릴 것은 없어집니다. 그러니 있는 그대로 그저 보기만 할 뿐입니다. 선이 곧 위빠사나고, 진언 독경 수행이 곧 참선이며 명상인 것입니다.

그렇다고 해서 처음부터 끝까지 계속해서 '이 독송하는 자가 누구일까? 이 독송하는 자가 누구일까?' 하고 계속 되뇌게 된다면 이것을 죽은 화두라고 부릅니다. 송화두(誦話頭)라고도 부르고요. '나는 누구일까? 나는 누구일까? 나는 누구일까?' 계속 되뇌는 것은 진짜 화두가 아니에요. 그렇게 말로, 생각으로 자꾸만 '누구일까' '무엇일까' 하고 헤아리라는 것이 아니라, 그런 궁금증을, 큰 의문을 마음속에 발심처럼 품고 그저 꽉 막힌 채 앉아 궁금하고 답답해하는 어떤 '목마름'을 이어가는 것, 그것이 곧 선입니다.

그저 한번 질문을 하고 나면 내가 궁금하니까, 그 화두와 의문을 풀고 싶으니까 앉아서 좌선도 하고, 독경도 하고, 수행하는 것 아니겠어요? 그러니 그러한 근원에 대한, 참나에 대한 목마름이 있다면 그게 바로 화두가 들린 것이고, 발심이 이루어진 것입니다. 그것이 바로 수행자이고, 수행하는 것입니다. 그러니 사실은 수행이라고 이름 붙일 것도 없습니다. 참된 수행은 겉모습으로 독경을 하거나, 염불하거나, 좌선하거나 하는 그런 겉모습과는 상관이 없기 때문입니다. 그저 마음으로 하는 것이 공부죠. 그래서 이 공부를 마음공부라고 합니다.

그러나 그렇게 의심을 품고 있으라고 하니 사람들이 구체적인 방법을 알려달라고 하고, 너무 어렵다고 합니다. 그래서 어쩔 수 없는 방편으로 독경하면서 '독경하는 자 누구인가', 진언을 염송하면서 '진언을 외우는 자 누구인가', 절하면서 '절하는 자 누구인가', 호흡을 관찰하면서 '숨 쉬는 자 누구인가' 라는 방편 아닌 방편을 어쩔 수 없이 설명하고 있는 것입니다. 구체적인 방법은 본문의 주력수행에 주석으로 간단히 적어 놓았습니다.

신묘장구대다라니처럼 긴 것을 다라니라고 부르고, 짧은 것을 진언이라고 부르는데요, 긴 다라니를 독송 할 때는 경전 독송하는 것처럼 사다라니 즉 정구업진언부터 개법장진언까지 외우고 나서 하고, 끝날 때도 회향게를 독송해주기도 합니다. 그냥 하기도 하구요. 진언은 짧은 거니까 그냥 곧바로 진언만 반복해서 독송합니다.

염불수행

염불도 마찬가지입니다. 경전은 경전의 권위를 방편으로 삼고, 진언은 진언이란 어떤 소리에너지를 방편으로 삼고, 염불수행은 석가모니부처님, 아미타부처님, 관세음보살 등 불보살님의 명호라는 거룩한 에너지를 방편을 삼아서 반복해서 외우며 마음공부를 하는 방편수행입니다. 그러니 어떤 명호를 외우더라도 상관없습니다.

만약에 석가모니부처님은 더 좋다거나, 아미타부처님은 염불 중의 왕이라거나, 관세음보살님은 보살이니까 부처님보다 약하지만 내 옆에 가장 가까운 분이라거나, 지장보살님은 내가 죽고 나서 지옥에 안 갈 수 있도록 돌봐주시는 분이시니까 하고 이런 식으로 해석해서 분별해 놓는다면 그것은 참된 염불수행이 아닙니다. 그렇게 나누어 놓은 것은 하나의 방편일 뿐, 본질에서는 전혀 다를 것이 없습니다. 불법은 불이법(不二法)입니다. 차별이 없어요. 관세음보살을 하든, 아미타부처님을 하든. 심지어 숭산스님께서는 관세음보살이 발음이 안 된다는 외국인 제자에게 너는 발음 잘 되는 '코카콜라 코카콜라...'를 반복해도 좋다고 하셨다고 하는데요, 그 소리는 하나의 방편이기 때문입니다.

관세음보살과 코카콜라가 둘이 아니에요. 그 말의 의미, 단어의 의미를 쫓아가면 서로 다르고, 분별이 되지만, 그 소리가 나오는 자리, 그 배경은 똑같은 것입니다. 바로 그 자리가 무엇인지, 관세음보살과 코카콜라가 둘이 아닌 자리가 무엇인지를 참구하는 것이 바로 마음공부입니다.

'아'나, '어'나, '너'나, '나'나, '관세음보살'이나 '석가모니부처님'이나 '코카콜라'나 '시계'나 '똥'이나 '오줌'이나 다 똑같단 말이죠. 하나의 소리 파동일 뿐이에요. 불이법으로 보았을 때는. 그러니까 어떤 하나를 선정해서는 꾸준히 하셔도 됩니다. 그게 바로 염불이에요.

그래서 여기에서는 절에서 가장 많이 염불하는 석가모니불, 아미타불, 관세음보살, 지장보살 염불을 옮겨 놓았습니다. 이 가운데 어느 하나의 불보살님 명호를 선택하셔서 가부좌하고 앉거나, 무릎을 꿇고 앉아서 30분이든, 1시간이든 반복하여 명호를 외우시면 됩니다.

염불할 때는 생각, 망상, 분별심을 일으키지 않고 최대한 그 염불하는 소리를 귀로 똑똑히 들으면서, 있는 그대로 그 소리를 관하면서 행합니다. '염불하는 자 누구인가(念佛者是誰)'하는 마음을 바탕에 두고 그저 염불소리와 하나 되어 행함 없이 행하는 것입니다.

절수행

다음은 절수행입니다. 절 수행을 할 때는 염불하면서 절을 하는 방법이 있고, 염불은 하지 않고 절하는 동작, 절하면서 일어나는 몸과 마음을 있는 그대로 관찰하면서 절하는 방법이 있습니다. 또한 절을 할 때는 108염주를 들고 돌리면서 한 배 한 배 절을 하기도 하고, 혹은 시간을 대략 20분, 30분, 1시간 정도 정해 두고 몇 배를 하는지 숫자는 세지 않으면서 절을 하기도 합니다.

또한 '백팔대참회문(百八大懺悔文)' 혹은 '예불대참회문(禮佛大懺悔文)'이라고 하는 것이 있는데요, 염불하듯, 혹은 예불하듯 예불대참회문을 읽어내려가면서 108배를 하는 방법도 있습니다. 108배 절을 하면서 108부처님 명호를 부르면서 절을 하는 방법입니다. 108배를 하면서 부처님의 명호를 부르며 예불을 올리는 동시에, 부처님께 무시이래로 지어온 모든 악업을 참회하는 마음으로 108배를 하기 때문에 108대참회문이라고도 합니다. 법요집 본문에는 가장 오래전부터 불가에서 수행되어져 내려온 백팔대참회문을 수록해 놓았습니다. 부처님 명호를 외우면서 절을 하거나, 108의 숫자가 쓰여진 글을 읽으며 제일 끝부분에서 절을 하면 됩니다.

이와 비슷하게 요즘 한글로 쉽게 새로 쓰여진 '108배 참회문', '나를 깨우는 108배', '나를 찾는 108참회 기도문' 등 다양한 버전으로 108배를 하며 그 의미를 깨우칠 수 있는 글들도 많이 나와 있습니다.

이 책에서는 시중에 나와 있는 다양한 108배 참회문들을 참고하여, 불교의 기도수행의 의식인 귀의, 참회, 진리, 감사, 발원, 회향 등이 모두 담겨있는 '108배 마음공부 발원문'을 새롭게 집필하여 만들어 보았습니다. 옛날부터 여러 버전의 108배 참회문을 많이 사용하였는데, 무언가 모르게 조금씩 아쉬운 느낌도 들고 하다가, 108배를 하면서 기도수행과 진리를 향한 마음공부를 함께 할 수 있도록, 독송하며 절만 하더라도 저절로 마음공부가 되는 그런 발원문을 하나 만들면 좋겠다고 생각해 오다가 이번에 새롭게 이 책을 구상하면서 만들게 되었습니다.

염불하듯이 발원문을 독송하다가 숫자에 따라 108를 할 수 있으며, 숫자 끝에 나와 있는 '귀의합니다', '참회합니다', '절하옵니다'하는 부분에서 절을 하면 됩니다.

명상참선

선(禪)은 분별망상과 번뇌, 생각을 따라가지 않고, 그 생각이 나온 이전의 본래자리를 확인하는 것입니다. 대표적으로 위빠사나 명상과 조사선, 간화선으로 불리는 선이 있습니다.

위빠사나는 분별망상을 따라가지 않고, 몸과 마음에서 일어나는 모든 생각과 움직임 등을 해석하거나 생각하지 않고 그저 있는 그대로 알아차리는 것입니다. 몸을 있는 그대로 알아차리고, 호흡을 알아차리고, 느낌을 알아차리며, 마음에서 일어나는 온갖 것들을 알아차리고, 바깥에서 일어나는 것들 또한 통째로 해석하지 않고 있는 그대로 알아차리는 것이지요. 있는 그대로를 있는 그대로 보는 것입니다.

우리는 대상을 바라볼 때 언제나 자기의 생각을 개입시켜서, 해석하고, 판단하고, 분별하여 대상을 왜곡되게 바라봅니다. 어떤 한 가지를 볼 때 다른 것과 비교해서 그것을 판단하는 것입니다. 사람을 볼 때 키가 큰 지 작은지를 그 사람만 가지고는 판단하기 어렵지요. 다른 사람과의 비교 속에서 큰 사람인지 작은 사람인지를 인식하는 것이지요. 잘났다 못났다, 부자와 가난, 옳고 그름 등 모든 분별들이 전부 다른 것과의 관계성 속에서 상대적으로 드러나는 임시적인 것일 뿐입니다. 이것이 바로 우리가 대상을 바라보는 관점입니다. 이처럼 우리는 대상을 있는 그대로 보지 못한 채, 다른 것과 비교해서 알아차리고 인식합니다.

그러나 위빠사나, 명상이라는 것은 그 어떤 것과도 비교하지 않고, 그저 있는 그대로 바라보는 것입니다. 해석 없이, 분별없이, 판단 없이 그저 있는 그대로 보는 것이지요.

구체적으로는 좌선을 하면서 들어오고 나가는 호흡을 있는 그대로 알아차리는 호흡관찰 명상이나, 머리끝부터 천천히 눈, 코, 입, 목, 어깨, 등, 가슴, 팔, 손, 엉덩이, 허벅지, 종아리, 발, 발가락 순서로 천천히 몸을 스캔하듯이 있는 그대로 관찰하는 바디스캔(body scan) 명상도 있습니다. 전통적으로는 사념처(四念處)라고 하여, 신수심법(身受心法)즉 몸과 느낌, 마음, 법을 있는 그대로 관찰하는 수행 등이 있습니다.

사실은 선(禪)도 그 근본정신은 동일합니다. 직지인심 견성성불(直指人心見性成佛)이라는 말처럼, 생각 이전의 자리, 보고 듣고 깨달아 아는 그 근원의 자리를 확인하는 것이 바로 선입니다. 즉, 내가 누구인지, 내가 온 곳이 어디이고 돌아갈 곳이 어디인지를 확인하는 것이지요. 내가 누구인지 그 근원을 확인하는 것이 곧 선입니다. 나 뿐 아니라, 이 우주법계, 삼라만상의 근원, 그 모든 것들이 나온 자리, 돌아갈 자리, 바탕, 배경이 무엇인지를 깨닫는 것이 곧 선입니다.

인연 따라 생겨나고 사라지는 것들은 생사법(生死法), 생멸법(生滅法)이라고 부릅니다. 나도 세상도, 삼라만상 모든 것이 전부 생사법 아닌 것이 없습니다. 그 모든 것들은 허망하게 생겨났다가 사라질 뿐입니다. 우리는 그렇게 허망한 생사법의 존재를 가지고 '나'라고 여기고, 세상이라고 여깁니다. 그러나 이 100년도 안 되어 사라질 뿐인 허망한 육신을 가지고 어떻게 참된 나라고 할 수 있겠습니까? 우리의 참된 존재는 이런 육신이거나, 생각, 느낌, 감정, 의식이 아닙니다. 그 모든 것들이 생겨나고 사라지는 바탕, 배경, 근원자리에 불생불멸하는 참된 본래면목, 참나가 있습니다. 바로 나의 본래면목, 당처(當處), 참나, 진리, 불생불멸하는 참된 진실을 확인하는 것이 바로 선입니다.

사홍서원, 회향게

이렇게 모든 수행의 순서가 끝나게 되면, 마지막으로 우리의 서원을 굳건히 다지고, 일체 모든 중생의 근원적인 발원인 네 가지 드넓은 서원인 사홍서원과 회향게(回向偈)를 하면서 모든 기도 수행의 순서를 마칩니다.

사홍서원(四弘誓願)은 삼귀의처럼 노래로 할 수도 있고, 그저 말로 읽거나, 염불하듯이 한문으로 읽으셔도 좋습니다. 일체 중생을 다 건지고, 번뇌를 다 끊으며, 법문을 다 듣고, 불도를 이루리라는 큰 서원을 다시 한 번 새롭게 다지는 발심의 의미를 새기면 됩니다.

회향게는 말 그대로 지금까지 해 온 이 모든 기도 수행의 공덕을 내가 붙잡아 가지는 것이 아니라, 일체 중생에게로 회향하겠노라는 발원의 게송입니다. '나 혼자만 깨닫고자 하는 것이 아니라, 일체 중생이 모두 함께 성불하여지이다' 라고 하는 보살의 대자대비심이 깃든 발원입니다.

이 우주법계가 그대로 나 자신과 둘이 아니기 때문에, 내가 기도한 공덕을 남에게 다 나누어 주고 나면 아쉬울 것 같지만, 사실은 일체중생에게 회향하는 것이 곧 진정으로 내가 나 자신에게 회향하는 것과 같습니다. 진리의 세계에서는 둘이 아닌 불이법이기에, 나와 우주가 곧 하나이기 때문입니다.

기도수행법 순서 실례

이상에서 설명한 바대로 삼귀의를 시작으로 참회문과 발원문을 독송하고, 이어서 독경수행, 진언수행, 염불수행, 절수행, 명상참선 수행 등 중에서 자신이 했으면 하는 수행의 내용을 뽑아서 실천할 수 있습니다.

예를 들어 기도수행을 처음 하는 초심자라면, '삼귀의 - 참회문 - 일상발원문 - 반야심경 - 우리말 천수경 - 최상의 행복경 - 광명진언 21독 - 염불하며 108배 절수행 - 사홍서원 - 회향게' 이런 순서로 수행할 수 있습니다.

또한 수능기도 등 자녀의 학업성취를 위한 기도를 한다면 '삼귀의 - 학업성취발원문 - 우리말 천수경(중간에 신묘장구대다라니 21독) - 자비경 - 108배 절수행 - 참선 10분 - 사홍서원 - 회향게' 이런 순서로 할 수도 있습니다. 그렇다고 꼭 이렇게 정해져 있다는 것이 아니라, 말 그대로 예시일 뿐이니, 본인의 근기에 따라 다른 경전이나 진언을 해도 좋습니다. 시간도 스스로 정하실 수 있습니다.

또한 일반적인 발심 수행자라면 '삼귀의 - 이산혜연선사발원문 - 우리말 천수경 - 불교경전 독송선집 - 염불수행 10분 - 108배 마음공부 발원문 - 참선 20분 - 사홍서원 - 산회가' 이런 순서로 해도 좋습니다.

또 돌아가신 선망부모 등 조상의 영가천도를 위한 기도라면, '삼귀의 - 발원문 - 금강경(아미타경) - 해탈주 - 광명진언 21독(108독) - 나무아미타불 염불 10분(혹은 지장보살) - 참선 10분 - 사홍서원 - 회향게' 이런 순서로 해도 좋습니다.

이상에서 설명한 것처럼 이 기도수행 법요집을 잘 활용하신다면, 자신의 근기에 맞도록, 원하는 경전과 염불과 주력 등의 수행을 자신이 할 수 있는 시간 동안 스스로 정해서 넣고 빼면서 융통성 있게 실천 하실 수 있습니다. 다양한 방법으로 혼자서 기도 수행할 수 있는 것이지요.

제 2 편

기 도 수 행 법요집

1. 귀의삼보 [1]

삼귀의

귀의불 양족존
歸依佛 兩足尊

귀의법 이욕존
歸依法 離欲尊

귀의승 중중존
歸依僧 衆中尊

거룩한 부처님께 귀의합니다

거룩한 가르침에 귀의합니다

거룩한 스님들께 귀의합니다

---

[1] 모든 법회, 기도, 예불의 시작은 삼보에 귀의하는 삼보예경으로 시작한다. 삼귀의, 거불, 예불 중에 한 가지만 하면 되고, 삼귀의는 노래로 부르거나, 읽기만 해도 된다. 혹은 삼 귀의 대신 거불을 하면서 삼배를 할 수도 있고, 혹은 간단히 불법승 삼보에 귀의하는 마음으로 삼배만 해도 된다.

거불(擧佛)

나무 불타부중 광림법회
南無 佛陀部衆 光臨法會

나무 달마부중 광림법회
南無 達摩部衆 光臨法會

나무 승가부중 광림법회
南無 僧伽部衆 光臨法會

예불문 - 칠정례(七頂禮)2)

헌다게(獻茶偈)

아금청정수 변위감로다 봉헌삼보전

원수애납수 원수애납수 원수자비애납수

오분향례(五分香禮)

계향 정향 혜향 해탈향 해탈지견향

광명운대 주변법계 공양시방 무량불법승

헌향진언(獻香眞言) 『옴 바아라 도비야 훔』(3번)

지심귀명례　삼계도사 사생자부 시아본사 석가모니불

지심귀명례　시방삼세 제망찰해 상주일체 불타야중

지심귀명례　시방삼세 제망찰해 상주일체 달마야중

지심귀명례　대지문수사리보살 대행보현보살

---

2) 일반적으로 예불을 할 때는 오분향례를 하지만, 새벽예불 때는 오분향례 대신 불전에 차를 올리고 헌다게를 하기도 한다.

대비관세음보살 대원본존 지장보살마하살

지심귀명례 영산당시 수불부촉 십대제자 십육성 오백성

독수성 내지 천이백제대아라한 무량자비성중

지심귀명례 서건동진 급아해동 역대전등 제대조사

천하종사 일체미진수 제대선지식

지심귀명례 시방삼세 제망찰해 상주일체 승가야중

유원무진삼보 대자대비 수아정례 명훈가피력

원공법계 제중생 자타일시성불도

우리말 예불문

차 올리는 게송(헌다게)

저희 이제 청정수를 감로다삼아

삼보님전 올리오니

자비로 받으소서   (1배)

자비로 받으소서   (1배)

대자비로 받으옵소서   (1배)

향 올리는 게송(오분향게)

계향 정향 혜향 해탈향 해탈지견향

광명구름 두루하여 시방세계 한량없는

삼보님전 공양합니다

향 올리는 진언(헌향진언)

옴 바아라 도비야 훔

옴 바아라 도비야 훔

옴 바아라 도비야 훔 (반배)

지극한 마음으로

온세계 스승이며 모든 중생 어버이신 석가모니 부처님께

절하옵니다

지극한 마음으로

온 세계 항상 계신 거룩하신 부처님께

절하옵니다

지극한 마음으로

온 세계 항상 계신 거룩하신 가르침에

절하옵니다

지극한 마음으로

대지문수사리보살 대행보현보살

대비관세음보살 대원본존 지장보살님께

절하옵니다

지극한 마음으로
부처님께 부촉받은 십대제자 십육성 오백성 독수성 내지
천이백 아라한께
절하옵니다

지극한 마음으로
불법 전한 역대조사 천하종사 한량없는 선지식께
절하옵니다

지극한 마음으로
온 세계 항상 계신 거룩하신 스님들께
절하옵니다

다함없는 삼보시여 저희 예경 받으시고
가피력을 내리시어 법계중생 모두 함께
성불 하여지이다

2. 참회문[3]

원멸 사생육도 법계유정 다겁생래제업장 아금참회계수례
願滅 四生六道 法界有情 多劫生來諸業障 我今懺悔稽首禮

원제죄장실소제 세세상행보살도(반배)
願諸罪障悉消除 世世常行菩薩道

원멸 사생육도 법계유정 다겁생래제업장 아금참회계수례
願滅 四生六道 法界有情 多劫生來諸業障 我今懺悔稽首禮

<u>십악참회(十惡懺悔) - 읽지 않음</u>

살생중죄금일참회　　투도중죄금일참회　　사음중죄금일참회
殺生重罪今日懺悔　　偸盜重罪今日懺悔　　邪淫重罪今日懺悔

망어중죄금일참회　　기어중죄금일참회　　양설중죄금일참회
妄語重罪今日懺悔　　綺語重罪今日懺悔　　兩舌重罪今日懺悔

악구중죄금일참회　　탐애중죄금일참회　　진애중죄금일참회
惡口重罪今日懺悔　　貪愛重罪今日懺悔　　瞋碍重罪今日懺悔

치암중죄금일참회

---

3) 한문 참회문을 독송용으로 편집하였고, 한글로도 번역하여 한문과 우리말 참회문을 3회
   반복 독송함으로써 거듭 참회할 수 있도록 했다.

痴暗重罪今日懺悔

백겁적집죄　일념돈탕진　여화분고초　멸진무유여
百劫積集罪　一念頓蕩盡　如火焚枯草　滅盡無有餘

사참회게(事懺悔偈) - 읽지 않음

아석소조제악업　개유무시탐진치
我昔所造諸惡業　皆有無始貪瞋癡

종신구의지소생　일체아금개참회
從身口意之所生　一切我今皆懺悔

이참회게(理懺悔偈) - 읽지 않음

죄무자성종심기　심약멸시죄역망
罪無自性從心起　心若滅是罪亦忘

죄망심멸양구공　시즉명위진참회
罪忘心滅兩俱空　是卽名爲眞懺悔

참회진언(懺悔眞言)
『옴 살바 못자모지 사다야 사바하』(3번)

원제죄장실소제 세세상행보살도(반배)
願諸罪障悉消除 世世常行菩薩道

원하건데 사생육도 일체모든 중생들이
다겁생에 지은죄업 소멸되기 바라오며
내가지금 머리숙여 지심으로 참회하니
원하건데 모든죄업 남김없이 소멸되어
세세생생 보살도를 행하고자 하나이다

원하건데 사생육도 일체모든 중생들이
다겁생에 지은죄업 소멸되기 바라오며
내가지금 머리숙여 지심으로 참회하니
살생으로 지은죄업 오늘모두 참회하고
도둑질한 죄업들도 오늘모두 참회하고
삿된음행 부정한죄 오늘모두 참회하고
거짓말한 망어죄도 오늘모두 참회하고
꾸며낸말 기어죄도 오늘모두 참회하고
이간질한 양설죄도 오늘모두 참회하고
험담해온 악구죄도 오늘모두 참회하고
탐욕으로 지은죄업 오늘모두 참회하고

화를내어 지은죄업 오늘모두 참회하고
어리석어 지은죄업 모두참회 하옵니다

백천만겁 쌓은죄업 한순간에 소멸되니
마른풀이 불에타듯 소멸되게 하옵소서
아득히먼 옛날부터 제가지은 모든죄업
크고작은 일체업장 탐진치로 말미암아
몸과입과 뜻을따라 무명으로 지었으니
제가이제 마음다해 지심참회 하옵니다

죄는본래 자성없어 마음따라 일어나니
죄의마음 사라지면 죄업또한 사라지고
죄와마음 모두멸해 두가지다 공해지면
이와같은 뉘우침을 진참회라 하나이다

참회진언(懺悔眞言)
『옴 살바 못자모지 사다야 사바하』(3번)

이제저의 모든죄업 남김없이 소멸되고

지난세월 과거업장 장애들도 사라지며
마른풀이 불타듯이 한순간에 사라져서
티끌하나 남김없이 모두소멸 되었나니
청정해진 마음으로 새로웁게 태어나서
삼보님께 의지하고 마음공부 정진하여
세세생생 보살도를 행하고자 하나이다.

원하건데 모든공덕 법계두루 회향하니
일체중생 모두함께 본래면목 확인하고
자성불을 깨달아서 견성성불 하여지다(반배)

3. 발원문 4)

일상 발원문

언제나 우리들 곁에 항상 하시는 부처님.

저희들은 그동안

부처님의 참된 성품을 등지고 살아왔습니다.

이제 마음을 돌이켜 자성의 부처님께로 돌아가고자,

거룩한 삼보님께 지극한 마음으로 귀의하옵니다.

저희들은 그동안

너와 내가 연결되어 있다는 진리를 모른 채

나만 생각하며 살아왔고,

나와 내 것이 영원하지 않은 줄 모르고

끊임없이 집착하며 살아왔습니다.

욕심 많고 성 잘 내고 어리석어 저질러 온 모든 잘못을

---

4) 특별한 발원이 있을 때는 아래의 일상발원문을 읽되, 중간의 밑줄부분에 자신의 발원을
넣어서 발원문을 읽으면 된다. 필요할 경우 아래의 다른 발원문들 중 필요한 발원문을
선택하여 독송해도 된다.

지극한 마음으로 참회하옵니다.

거룩하신 부처님,

이제 저희들은 부처님의 지혜와 자비를 깨달아

대열반에 이르기를 발원하옵니다.

위로는 마음공부를 통해 깨달음을 이루고,

아래로는 일체중생을 구제하기를 발원합니다.

자비하신 부처님,

이번 기도를 통해 꼭 이루고자 하는 서원이 있사오니,

‘_____

_____’ 발원합니다.5)

이 발원을 부처님 전에 공양 올리오니,

결과는 온전히 부처님의 뜻에 내맡기고 수용하겠습니다.

첫 발심한 마음이 곧 정각(正覺)이듯,

서원과 동시에 이미 발원은 원만하게 성취되었습니다.

---

5) _____부분, 개인 발원의 예시
　"제 아들 ○○생 ○○○가 수능시험에 합격함으로써 이 사회에 큰 빛이 될 수 있기를"
　"저의 남편 ○○생 ○○○거사가 진급을 이루어 나라를 위해 큰 일 할 수 있기를"
　"저의 어머니 ○○생 ○○○님께서 건강하게 오래 오래 마음공부하며 사시기를"
　"제가 금생에 반드시 깨달음을 이루어 견성성불하기를"

복덕과 지혜 다 갖추신 부처님,

저희들의 이러한 참회와 발원의 공덕을

만 중생에게로 널리 회향하오니,

저희들의 간절한 발원이 원만히 이루어지게 하시옵소서.

이 공덕으로 멀리 있거나 가까이 있거나

모든 사람, 모든 생명에게

행복과 평화가 항상하게 하여 주시옵소서.

거룩하신 부처님께 귀의하옵니다.

나무 마하반야바라밀 (3번)

법회 발원문

우주에 충만하사 아니 계신 곳 없으시고,

영겁에 항상하사 아니 계신 때 없으시는,

불보살님께 돌아가나이다.

부처님이시여, 이제 마음 거두어 합장하오니

자비의 문을 열고 지혜의 단비를 뿌려

목마른 저희들 가슴에 보리의 푸른 싹을 돋게 하소서.

항상 욕심 많고 성 잘 내고 어리석어

고통스런 업보의 굴레를 벗지 못하는 저희들은

부처님의 찬란한 해탈세계로 나아가기 원하옵니다.

복덕과 지혜 다 갖추신 부처님,

다툼과 미움, 시름과 절망으로 어두워진 이 미망의 사바에

하루속히 당신의 영원한 생명과 화합의 빛을 밝혀 주소서.

바라옵건데 이 공덕으로 멀리 있거나 가까이 있거나

모든 사람, 모든 생명에게

자비와 광명이 항상하게 하여 주시옵소서.

거룩하신 부처님께 귀의하옵니다.

나무 마하반야바라밀(3번)

가족을 위한 발원문

자비하신 부처님.

수많은 과거생의 인연이 꽃을 피워 이 귀하디 귀한 가족의 인연을 만나게 하였습니다. 우리 가족이 모인 것은 단순한 우연이 아닙니다. 우리 가족 모두는 이번 생에 서로 만나 사랑하고 아껴주고 서로를 깨닫게 해 줌으로써 귀의(歸依)라는 깨달음의 여정을 함께하기 위해 만난 것입니다. 우리 가족 모두는 오로지 서로를 사랑하고 배려하며 삶의 의미를 깨닫기 위한 지혜와 자비의 동반자가 될 수 있기를 발원합니다.

그동안 나의 어리석음으로 남편(부인)과 자녀(부모)의 마음에 상처준 것이 있다면 진심으로 참회합니다. 나의 욕심으로 자녀를 힘들게 하고, 나의 성냄으로 가족을 다치게 한 것에 대해 깊이 용서를 구합니다. 이제부터는 탐내고 성내고 어리석은 마음 대신에 욕심을 내려놓고 친절과 배려로써 사랑하며 부처님의 지혜를 통해 깨달아 가는 수행자 가족이 되고자 합니다. 나아가 우리 가족만의 행복이 아닌 인연 맺

은 모든 이웃들에게 참된 행복을 나누어주는 이타적인 자비
행을 실천하겠습니다.

저희 가족 모두가 주어진 삶을 대긍정으로 받아들이며 작
은 것에도 감사하고 만족하게 하시옵소서. 가슴 뛰는 열정
으로 자기다운 생업에 매진하게 하시고, 매 순간의 주어진
삶 속에서 진정한 기쁨과 보람과 행복을 누리게 하시옵소
서.

일심으로 발원하오니, 온가족의 신심은 날로 깊어지고, 자
녀는 학업에 전념하며 남편은 사업이 번창하여, 저희들이
품은 원력이 막힘없이 성취되어져서 만나는 모든 이들에게
기쁨과 행복을 전할 수 있게 하시옵소서.

바라옵건대 저희 가족 모두가 본래 갖춰진 장엄한 불성
(불)과 지혜의 가르침(법)과 정진하는 수행자(승)라는 자성삼
보를 의지처 삼아 한마음 한 뜻으로 사바세계 고해의 바다
를 건너게 하여지이다. 또한 가족 안에서 피어난 지혜와 자
비의 공덕을 널리 일체 중생에게 회향하고자 하오니 법계의
모든 중생이 다 함께 성불하여지이다.

나무 마하반야바라밀(3번)

자녀를 위한 부모의 발원문

지혜와 복덕 구족하신 부처님.

저희 부부에게 이토록 귀하고 아름다운 아들 딸이 있음에 감사드립니다. 이 아이들이 이 세상 수많은 가족 가운데 우리에게 올 수 있었음에 감사합니다. 자녀는 곧 나의 거울입니다. 자녀의 잘못은 곧 부모의 허물입니다. 그럼에도 아이 탓을 하며 작은 잘못에도 화를 내고, 작은 투정도 받아들여주지 못한 비좁은 마음을 참회합니다. 자녀를 끊임없는 수용과 용서, 감사와 사랑으로 키우지 못했음을 참회합니다.

나의 사사로운 욕심 때문에 자녀를 공부로 혹사시키거나, 내가 힘들다는 이유 때문에 함께 놀아주지 않거나, 어른이라는 상에 빠져 힘으로 억누르려 하기 보다는 친구 같은 부모, 지혜로운 부모가 될 수 있기를 발원합니다.

자녀를 그 누구와도 비교하지 않고 자기다운 개성을 살려 줄 수 있는 부모가 되겠습니다. 자녀의 지금 모습 그대로를 있는 그대로 허용해주고 사랑하겠습니다. 내가 원하는 대로 변하고 난 뒤에야 인정해주고 사랑하는 것이 아니라, 지금 이대로 아무런 조건 없이 사랑해 주겠습니다. 더 많이 칭찬해주고, 기다려주고, 안아주고, 놀아주며, 지금 이대로 이길 허용하겠습니다.

내가 비난하길 좋아하면 비관적인 아이가 되고, 내가 싸우길 좋아하면 적대적인 아이로 성장하며, 내가 약해지면 나약한 아이로 성장하지만, 내가 먼저 칭찬해 주면 자존감이 높아지고, 내가 먼저 사랑해주면 남을 사랑하게 되며, 내가 평등하고 공정해질 때 자녀 또한 차별하지 않고 정의로운 아이로 성장할 것입니다. 자녀야말로 나의 거울임을 깨달아, 자녀를 바꾸기보다 먼저 내가 변화하는 부모가 될 수 있기를 발원합니다.

자녀를 향한 나의 발원이 법계로 회향되어 지혜와 자비 가득한 자녀로 성장할 수 있길 발원하오며, 나아가 자녀가 배운 지혜의 빛이 널리 일체중생을 구제하는데 회향되어질 수 있기를 발원합니다.

나무 마하반야바라밀(3번)

학업성취 발원문

언제 어디서나 중생의 원력과 함께하시는 관세음보살님.

학원 성취(시험 합격)를 발원하는 발원재자 ○○생 ○○○은 관세음보살님의 한량없는 사랑과 복덕을 찬탄하옵니다.

설함 없는 가운데 모든 진리를 설하시고 들음 없는 가운데 온갖 중생의 소리를 들어 거두시는 관세음보살님이시여.

저희는 참으로 높고 미묘하여 백 천 겁을 다하도록 만나기 어려운 불법을 만나, 이제까지 지은 모든 죄업과 허물을 진심으로 참회하고 청정한 몸과 마음으로 새로이 태어나길 원합니다.

처음 불법을 만나 서원했던 그 마음으로 돌아가 간절히 엎드려 기원하오니, 저와 저희 아이들이 세상의 모든 탐욕과 어리석음과 분노로부터 자유로워져서 모든 괴로움을 여의고, 완전한 행복인 열반의 기쁨을 맛보게 하시옵소서. 또한 괴로움의 바다인 이 세상에서 온갖 방편의 지혜를 두루 통달하여 안으로는 완전한 자유와 평화를 실현하고, 밖으로는 일체중생을 자비와 사랑으로 이끌게 하시옵소서.

중생의 사랑과 희망이신 관세음보살님이시여.

오늘 간절히 발원하는 저의 아들(딸) ○○생 ○○○이 이번 ○○시험에서 본인이 발원하고 노력해 온 만큼 원하는 결과를 원만하게 성취할 수 있기를 발원하옵니다. 다만 저와 아이 모두에게 최선을 다할 지언정 결과에 집착하지 않는 지혜를 주시옵소서. 또한 아이가 본인의 뜻한 바를 원만히 이룸으로써, 그 결과를 이 사회에 널리 회향할 수 있는 넓은 자비심을 가지게 하시옵소서.

오늘 두 손 모아 간절히 기도하는 발원재자 ○○생 ○○○에게 문수보살의 지혜와 관세음보살의 자비, 지장보살의 크신 원력이 이미 원만구족하게 갖추어져 있음을 깨닫게 하시옵소서. 그리하여 괴로워하는 모든 이들을 구제하고 이 사바세계를 불국토로 바꿀 수 있는 힘과 지혜를 깨닫게 하시옵소서.

나무 마하반야바라밀(3번)

남편을 위한 아내의 발원문

자비하신 부처님.

억겁부터 이어 온 오랜 인연이 꽃을 피워 금생에 이 남편을 만나게 되었습니다. 이 남편을 만나게 된 이유는 사랑하고 배려하며 함께 도와 삶의 지혜를 깨달아 가기 위함입니다. 남들과 비교하면서 다투고 투정하며 살기 위함이 아닌 서로 아껴주고, 배려하며, 사랑하기 위해 지금의 이 남편을 만난 것입니다. 설사 남편의 단점이 보인다 할지라도, 그것은 내 안에 그러한 단점을 끌어당길만한 어떤 부분이 있어서 그런 남편을 만난 것일 뿐입니다. 그렇기에 모든 것은 남편 탓이 아닌 내 문제이고, 내 스스로 마음을 닦아 해결해야 할 문제임을 받아들입니다.

그럼에도 이제껏 좁은 소견으로 성 잘 내고, 욕심내며, 남들과 비교하면서 당신에게 상처 준 것을 진심으로 참회합니다. 저와 우리 가족을 위해 하루 종일 피땀 흘려 일하시는 당신에게 진심으로 감사합니다. 사랑합니다.

부처님 전에 진심으로 발원하옵니다. 이제부터는 남편을

부처님이라 여기며 공경하고 찬탄하며 사랑하겠습니다. 남편의 허물이 보일지라도 그것이 곧 나의 허물인 줄 알아 내면을 살피겠습니다.

바라옵건대 남편을 통해 삶의 의미를 깨달아가고, 함께 고해바다를 건너는 참된 반려자이자 도반임을 깨닫게 하시옵소서. 남편에게 많은 것을 바라기보다, 내가 먼저 그의 무거운 짐을 덜어주는 보살이 되겠습니다.

부처님이시어, 저에게 지혜와 자비를 실천하여, 늘 부지런하고 작은 것에 만족하며, 절약으로 청빈한 삶을 꾸려 나가고, 다정한 아내 따뜻한 어머니가 될 수 있도록 하시옵소서. 거룩하신 부처님께 귀의하옵니다.

나무 마하반야바라밀(3번)

아내를 위한 남편의 발원문

자비하신 부처님.

억겁부터 이어 온 오랜 인연이 꽃을 피워 금생에 이 아내를 만나게 되었습니다. 이 아내를 만나게 된 이유는 사랑하고 배려하며 함께 도와 삶의 지혜를 깨달아 가기 위함입니다. 남들과 비교하면서 육아며 살림을 못한다고 비난하기보다는, 서로 아껴주고, 배려하며, 사랑하기 위해 지금의 이 아내를 만난 것입니다. 설사 아내의 단점이 보인다 할지라도, 그것은 내 안에 그러한 단점을 끌어당길만한 어떤 부분이 있어서 그런 아내를 만난 것일 뿐입니다. 그렇기에 모든 것은 아내 잘못이 아닌 내 문제이고, 내 스스로 마음을 닦아 해결해야 할 문제임을 받아들입니다.

그럼에도 이제껏 좁은 소견으로 성 잘 내고, 욕심내며, 남들과 비교하면서 당신에게 상처 준 것을 진심으로 참회합니다. 자녀와 나를 위해, 가족의 행복과 평안을 위해 당신이 할 수 있는 최선으로 뒷바라지 해 오신 당신에게 진심으로 감사합니다. 사랑합니다.

부처님 전에 진심으로 발원하옵니다. 이제부터는 아내를 부처님이라 여기며 공경하고 찬탄하며 사랑하겠습니다. 아내의 허물이 보일지라도 그것이 곧 나의 허물인 줄 알아 내면을 살피겠습니다.

바라옵건대 아내를 통해 삶의 의미를 깨달아가고, 함께 고해바다를 건너는 참된 반려자이자 도반임을 깨닫게 하시옵소서. 아내에게 많은 것을 바라기보다, 내가 먼저 그의 무거운 짐을 덜어주는 수행자가 되겠습니다.

부처님이시어, 아무런 조건 없이 지금 이대로의 아내를 사랑하게 하시고, 가족을 위해 제가 할 수 있는 최선의 생업을 다해 이들을 도울 수 있게 하시옵소서. 저에게 지혜와 자비를 열어 주시고, 하는 일마다 막힘없이 성취되어져서 내 가족과 나아가 일체중생을 위해 행복을 전해주는 대승의 보살이 되게 하시옵소서.

나무 마하반야바라밀(3번)

자비경 발원문

수행자는 정직하고 상냥하고 부드러우며 잘난 체 하지 않습니다. 만족할 줄 알고 언제나 간소하게 생활합니다. 마음이 흐트러지지 않으며, 비난을 살 만한 행동을 하지 않습니다. 그리고 언제나 세상을 향해 이와 같이 서원합니다.

"살아있는 모든 것은 다 행복하라 평안하라 안락하라. 어떤 존재일지라도, 강하거나 약하거나, 가까이 있거나 멀리 있거나, 태어났거나 앞으로 태어날 것이거나, 살아있는 모든 것들은 다 행복하라 평안하라 안락하라. 남을 속여도 안 되고, 경멸해서도 안 되며, 화를 내어 남에게 고통을 주어서도 안 된다. 마치 어머니가 목숨을 걸고 외아들을 지키듯이, 살아있는 모든 것에 대해서 한량없는 자비심을 발하라. 온 세계에 대해서 무한한 자비를 행하라. 위로 아래로 옆으로 장애도 원한도 적의도 없는 무한한 자비를 행하라. 서 있을 때나 길을 갈 때나 앉아 있을 때나 누워있을 때 잠들지 않는 한 이 자비심을 굳게 가져라."

나 자신이 미움에서 벗어나고, 고통에서 벗어나고, 번뇌에서 벗어나기를 발원합니다. 나는 행복합니다. 평안합니다. 안락합니다. 나는 나 자신을 사랑합니다.

부모님께서 미움에서 벗어나고, 고통에서 벗어나고, 번뇌에서 벗어나지이다. 언제나 행복하소서. 평안하소서. 안락하소서. 저는 당신을 사랑합니다.

가족 모두가 미움에서 벗어나고, 고통에서 벗어나고, 번뇌에서 벗어나지이다. 언제나 행복하소서 평안하소서 안락하소서. 저는 당신을 사랑합니다.

친구들이 미움에서 벗어나고, 고통에서 벗어나고, 번뇌에서 벗어나지이다. 언제나 행복하소서. 평안하소서. 안락하소서. 저는 당신들을 사랑합니다.

나의 이웃 모두가 미움에서 벗어나고, 고통에서 벗어나고, 번뇌에서 벗어나지이다. 언제나 행복하소서. 평안하소서. 안락하소서. 저는 당신들을 사랑합니다.

미워하는 사람이(혹은 00가) 미움에서 벗어나고, 고통에서 벗어나고, 번뇌에서 벗어나지이다. 미워하는 이여 행복하소서. 평안하소서. 안락하소서. 저는 당신을 사랑합니다.

이 나라 모든 국민들이 미움에서 벗어나고, 고통에서 벗어나고, 번뇌에서 벗어나지이다. 언제나 행복하소서. 평안하소서. 안락하소서. 저는 당신들을 사랑합니다.

이 세상 모든 이들이 미움에서 벗어나고, 고통에서 벗어나고, 번뇌에서 벗어나지이다. 언제나 행복하소서. 평안하소서. 안락하소서. 저는 당신들을 사랑합니다.

시방 삼세 온 우주 법계의 모든 생명들이 미움에서 벗어나고, 고통에서 벗어나고, 번뇌에서 벗어나지이다. 언제나 행복하소서. 평안하소서. 안락하소서. 저는 일체 중생을 사랑합니다.

이산혜연선사 발원문

시방삼세　부처님과　팔만사천　큰법보와

보살성문　스님네께　지성귀의　하옵나니

자비하신　원력으로　굽어살펴　주옵소서　저희들이

참된성품　등지옵고　무명속에　뛰어들어

나고죽는　물결따라　빛과소리　물이들고

심술궂고　욕심내어　온갖번뇌　쌓았으며

보고듣고　맛봄으로　한량없는　죄를지어

잘못된길　갈팡질팡　생사고해　헤매면서

나와남을　집착하고　그른길만　찾아다녀

여러생에　지은업장　크고작은　많은허물

삼보전에　원력빌어　일심참회　하옵나니　바라건대

부처님이　이끄시고　보살님네　살피시어

고통바다　헤어나서　열반언덕　가사이다

이세상의　명과복은　길이길이　창성하고

오는세상　불법지혜　무럭무럭　자라나서

날적마다　좋은국토　밝은스승　만나오며

바른신심　굳게세워　아이로서　출가하여

귀와눈이　총명하고　말과뜻이　진실하며
세상일에　물안들고　맑은행실　닦고닦아
서리같은　엄한계율　털끝인들　어기리까
점~ 잖은　거동으로　모든생명　사랑하며
이내목숨　버리어도　지성으로　보호하리
삼재팔난　만나잖고　불법인연　갖추오며
반야지혜　드러나고　보살마음　견고하여
제불정법　잘배워서　대승진리　깨달은뒤
육바라밀　행을닦아　아승시겁　뛰어넘고
곳곳마다　설법으로　천겁만겁　의심끊고
마군중을　항복받고　삼~ 보를　뵙사올제
시방제불　섬기는일　잠깐인들　쉬오리까
온갖법문　다배워서　모두통달　하옵거든
복과지혜　함께늘어　무량중생　제도하며
여섯가지　신통얻고　무생법인　이룬뒤에
관음보살　큰자비로　시방삼세　다니면서
보현보살　행원으로　많은중생　건지올제
여러가지　몸을나퉈　미묘법문　연설하고
지옥아귀　나쁜곳엔　광명놓고　신통보여

내모양을　보는이나　내이름을　듣는이는

보리마음　모두내어　윤회고를　벗어나되

화탕지옥　끓는물은　감로수로　변해지고

검수도산　날쎈칼날　연꽃으로　화하여서

고통받던　저중생들　극락세계　왕생하며

나는새와　기는짐승　원수맺고　빚진이들

갖은고통　벗어나서　좋은복락　누려지다

모진질병　돌적에는　약풀되어　치료하고

흉년드는　세상에는　쌀이되어　구제하되

여러중생　이로운일　한가진들　빼오리까

천겁만겁　내려오던　원수거나　친한이나

이세상의　권속들도　누구누구　할것없이

얽히었던　애정끊고　삼계고해　벗어나서

시방삼세　중생들이　모두성불　하여지다

허공끝이　있사온들　이내소원　다하리까

유정들도　무정들도　일체종지　이뤄지다

나무 석가모니불

나무 석가모니불

나무 시아본사 석가모니불

우리말 축원문6)

시방삼세 제망중중 다함없는 삼보님께

우러르어 고하노니 대자비로 살피시고

바다같은 공덕회향 원만성취 하여지이다

시이 사바세계 차사천하 남섬부주 대한민국

○○시 ~~ (사찰 주소) ○○사

청정수월 도량에서 원하건대 금일지극

정성으로 기도하는 사부대중 발원재자

금일기도 동참재자 ○○○ 등중 각각등보체

이차인연 공덕으로 제불보살 가피받아

내가가는 곳곳마다 좋은인연 만나옵고

삼재팔난 사백사병 한꺼번에 소멸되고

사대강건 육근청정 몸과마음 깨끗하고

가정모두 화목하며 사업번창 복덕구족

병고쾌차 안전운행 발원성취 만사형통

---

6) 발원문은 스님과 신도가 모두 할 수 있지만, 축원은 주로 스님이 신도를 위해 신도님들의 기도 발원이 다 이루어지기를 희망하며 바란다는 뜻으로 부처님께 기도드리는 것이다. 그러나 불이법(不二法)이라는 불법의 근본에서 본다면 승속이 둘이 아니, 신도님들께서 자신의 기도발원이나 혹은 타인의 기도발원 내용을 이루어지시기를 희망하는 마음을 담아 축원을 할 수도 있다.

매일매일 좋은일과 상서로운 경사있고

참회하는 일체죄업 마장장애 소멸되며

간절하게 원하는바 서원소망 발심들이

원만하게 성취되길 굽어살펴 주옵소서

우러르어 고하오니 불보살님 대가피로

세계평화 국운융창 남북통일 성취되길

지심발원 하옵니다

또한다시 원하오니

항하강의 모래같은 무량하온 불자들이

장엄세계 연꽃바다 보리도량 함께가며

화엄세계 불보살을 항상뵙길 원하오며

대지혜를 속히얻어 깨달음을 이루옵고

법계모든 중생들을 널리널리 제도하여

부처님의 일체지가 원만하게 이루어지이다.

마하반야바라밀 (반배)

나무석가모니불

나무석가모니불

나무 시아본사 석가모니불 (반배)

행선축원

아침저녁   향과등불   부처님전   올리옵고
삼보전에   귀의하여   공경예배   하옵나니
우리나라   태평하고   온갖재앙   소멸되며
온~ 세계   평화롭고   부처님법   이뤄지이다.

저희들이   이와같이   세세생생   날적마다
반야지혜   좋은인연   물러나지   아니하고
우리본사   세존처럼   용맹하신   뜻세우고
비로자나   여래같이   큰깨달음   이룬뒤에
문수사리   보살처럼   깊고밝은   큰지혜와
보현보살   본을받아   크고넓은   행원으로
넓고넓어   끝이없는   지장보살   몸과같이
천수천안   관음보살   삼십이응   몸을나퉈
시방삼세   넓은세계   두루돌아   다니면서
모든중생   제도하여   열반도에   들게할제
내이름을   듣는이는   삼악도를   벗어나고
내모습을   보는이는   생사번뇌   해탈하며

백천만겁　지나면서　이와같이　교화하여
부처님도　중생들도　모든차별　없어지이다.

시방삼세　불제자들　모든소원　이뤄지고
선망부모　제형숙백　왕생극락　하옵시며
살아계신　은사육친　수명장수　하옵시고
온법계의　애혼고혼　삼도고해　벗어나며
산문도량　정숙하여　근심걱정　없어지고
도량내의　대소재앙　영원토록　소멸되며

토지천룡　신장님들　삼보님을　호지하고
산신국사　호법신은　상서정기　드높이며
일체중생　모두함께　저언덕에　태어나고
세세생생　언제라도　보살도를　행하여서
구경에는　일체지가　원만하게　이뤄지다.

마하반야바라밀 (반배)
나무석가모니불　나무석가모니불
나무시아본사석가모니불 (반배)

4. 기도 수행[7]

(1) 경전 독송

우리말 반야심경

마하반야바라밀다심경

관자재보살이 깊은 반야바라밀다를 행할 때, 오온이 공한 것을 비추어 보고 온갖 고통에서 건너느니라. 사리자여! 색이 공과 다르지 않고 공이 색과 다르지 않으며, 색이 곧 공이요 공이 곧 색이니, 수 상 행 식도 그러하니라. 사리자여! 모든 법은 공하여 나지도 멸하지도 않으며, 더럽지도 깨끗

---

7) 경전독송은 천수경, 금강경, 관음경, 지장경, 니까야, 화엄경, 법화경 등 대소승의 다양한 경전을 독송하여도 되며, 긴 경전은 며칠 혹은 몇 달 동안 끊어서 하루 15분~20분씩 독송해도 좋다. 경전을 독송할 때는 아래의 순서에 따른다.

정구업진언 『수리수리 마하수리 수수리 사바하』(3번)
오방내외안위제신진언 『나무사만다 못다남 옴 도로도로지미 사바하』(3번)
개경게 무상심심미묘법 백천만겁난조우 아금문견득수지 원해여래진실의
개법장진언 『옴 아라남 아라다』(3번)

경전 독송(니까야, 법화경, 화엄경, 천수경 등 선택)

<u>회향게-읽지 않음</u>
원이차공덕 보급어일체 아등여중생 당생극락국 동견무량수 개공성불도(반배)

하지도 않으며, 늘지도 줄지도 않느니라. 그러므로 공 가운데는 색이 없고 수 상 행 식도 없으며, 안 이 비 설 신 의도 없고, 색 성 향 미 촉 법도 없으며, 눈의 경계도 의식의 경계까지도 없고, 무명도 무명이 다함까지도 없고, 늙고 죽음도 늙고 죽음이 다함까지도 없고, 고 집 멸 도도 없으며, 지혜도 얻음도 없느니라. 얻을 것이 없는 까닭에 보살은 반야바라밀다를 의지하므로 마음에 걸림이 없고 걸림이 없으므로 두려움이 없어서, 뒤바뀐 헛된 생각을 멀리 떠나 완전한 열반에 들어가며, 삼세의 모든 부처님도 반야바라밀다를 의지하므로 최상의 깨달음을 얻느니라. 반야바라밀다는 가장 신비하고 밝은 주문이며 위없는 주문이며 무엇과도 견줄 수 없는 주문이니, 온갖 괴로움을 없애고 진실하여 허망하지 않음을 알지니라. 이제 반야바라밀다주를 말하리라.

아제아제 바라아제 바라승아제 모지 사바하(3번)

반야심경

마하반야바라밀다심경

관자재보살 행심반야바라밀다시 조견오온개공 도일체고액
사리자 색불이공 공불이색 색즉시공 공즉시색 수상행식 역
부여시 사리자 시제법공상 불생불멸 불구부정 부증불감 시
고 공중무색 무수상행식 무안이비설신의 무색성향미촉법 무
안계 내지 무의식계 무무명 역무무명진 내지 무노사 역무노
사진 무고집멸도 무지역무득 이무소득고 보리살타 의반야바
라밀다고 심무가애 무가애고 무유공포 원리전도몽상 구경열
반 삼세제불 의반야바라밀다고 득아뇩다라삼먁삼보리 고지
반야바라밀다 시대신주 시대명주 시무상주 시무등등주 능제
일체고 진실불허 고설반야바라밀다주 즉설주왈

아제아제 바라아제 바라승아제 모지사바하 (3번)

천수경

정구업진언 『수리수리 마하수리 수수리 사바하』(3번)

오방내외안위제신진언 『나무 사만다 못다남 옴 도로 도로
지미 사바하』

개경게 무상심심미묘법 백천만겁난조우 아금문견득수지 원
해여래진실의

개법장진언 『옴 아라남 아라다』(3번)

천수천안관자재보살 광대원만무애 대비심대다라니 계청

계수관음대비주   원력홍심상호신

천비장엄보호지   천안광명변관조

진실어중선밀어   무위심내기비심

속령만족제희구   영사멸제제죄업

천룡중성동자호   백천삼매돈훈수

수지신시광명당   수지심시신통장

세척진로원제해   초증보리방편문

아금칭송서귀의   소원종심실원만

나무대비관세음   원아속지일체법
나무대비관세음   원아조득지혜안
나무대비관세음   원아속도일체중
나무대비관세음   원아조득선방편
나무대비관세음   원아속승반야선
나무대비관세음   원아조득월고해
나무대비관세음   원아속득계정도
나무대비관세음   원아조등원적산
나무대비관세음   원아속회무위사
나무대비관세음   원아조동법성신

아약향도산   도산자최절   아약향화탕   화탕자소멸
아약향지옥   지옥자고갈   아약향아귀   아귀자포만
아약향수라   악심자조복   아약향축생   자득대지혜

나무 관세음보살마하살   나무 대세지보살마하살
나무 천수보살마하살   나무 여의륜보살마하살
나무 대륜보살마하살   나무 관자재보살마하살

나무 정취보살마하살   나무 만월보살마하살

나무 수월보살마하살   나무 군다리보살마하살

나무 십일면보살마하살   나무 제대보살마하살

나무 본사아미타불(3번)

신묘장구대다라니(神妙章句大陀羅尼)

나모라 다나다라 야야 나막알약 바로기제 새바라야 모지
사다바야 마하사다바야 마하가로 니가야 옴 살바 바예수 다
라나 가라야 다사명 나막 가리다바 이맘알야 바로기제 새바
라 다바 니라간타 나막하리나야 마발다 이사미 살발타 사다
남 수반아예염 살바보다남 바바말아 미수다감 다냐타 옴 아
로계 아로가 마지로가 지가란제 혜혜하례 마하모지 사다바
사마라 사마라 하리나야 구로구로 갈마 사다야 사다야 도로
도로 미연제 마하미연제 다라다라 다린나례 새바라 자라자
라 마라미마라 아마라 몰제 예혜혜 로계 새바라 라아 미사
미 나사야 나베 사미사미 나사야 모하자라 미사미 나사야
호로호로 마라호로 하례 바나마 나바 사라사라 시리시리 소
로소로 못쟈못쟈 모다야 모다야 매다라야 니라간타 가마사
날사남 바라 하라나야 마낙사바하 싯다야 사바하 마하싯다

야 사바하 싯다유예 새바라야 사바하 니라간타야 사바하 바라하 목카싱하 목카야 사바하 바나마 하따야 사바하 자가라 욕다야 사바하 상카섭나네 모다나야 사바하 마하라 구타다라야 사바하 바마사간타 니사시체다 가릿나이나야 사바하 마가라 잘마 이바 사나야 사바하

나모라 다나다라 야야 나막알야 바로기제 새바라야 사바하 (3번)

일쇄동방결도량   이쇄남방득청량
삼쇄서방구정토   사쇄북방영안강
도량청정무하예   삼보천룡강차지
아금지송묘진언   원사자비밀가호
아석소조제악업   개유무시탐진치
종신구의지소생   일체아금개참회

나무참제업장보승장불
보광왕화렴조불
일체향화자재력왕불
백억항하사결정불

진위덕불

금강견강소복괴산불

보광월전묘음존왕불

환희장마니보적불

무진향승왕불

사자월불

환희장엄주왕불

제보당마니승광불

살생중죄금일참회　　투도중죄금일참회

사음중죄금일참회　　망어중죄금일참회

기어중죄금일참회　　양설중죄금일참회

악구중죄금일참회　　탐애중죄금일참회

진애중죄금일참회　　치암중죄금일참회

백겁적집죄　일념돈탕진　여화분고초　멸진무유여

죄무자성종심기　　심약멸시죄역망

죄망심멸양구공　　시즉명위진참회

참회진언(懺悔眞言)

『옴 살바 못자모지 사다야 사바하』(3번)

준제공덕취 적정심상송 일체제대난 무능침시인
천상급인간 수복여불등 우차여의주 정획무등등
나무칠구지불모대준제보살 (3번)
정법계진언(淨法界眞言)『옴 남』(3번)
호신진언(護身眞言)『옴 치림』(3번)
관세음보살 본심미묘 육자대명왕진언
『옴 마니 반메 훔』(3번)

준제진언(准提眞言)

나무사다남 삼먁 삼못다 구치남 다냐타
『옴 자례주례 준제 사바하 부림』(3번)

아금지송대준제 즉발보리광대원
원아정혜속원명 원아공덕개성취
원아승복변장엄 원공중생성불도

여래십대발원문

원아영리삼악도　원아속단탐진치

원아상문불법승　원아근수계정혜

원아항수제불학　원아불퇴보리심

원아결정생안양　원아속견아미타

원아분신변진찰　원아광도제중생

발사홍서원

중생무변서원도　번뇌무진서원단

법문무량서원학　불도무상서원성

자성중생서원도　자성번뇌서원단

자성법문서원학　자성불도서원성

원이 발원이 귀명례삼보

나무상주시방불

나무상주시방법

나무상주시방승(3번)

우리말 천수경

정구업진언(淨口業眞言, 구업을 청정케 하는 진언)
수리수리 마하수리 수수리 사바하(3편)

오방내외안위제신진언(五方內外安慰諸神眞言, 오방내외 신중을 편안
하게 모시는 진언)
나무 사만다 못다남 옴 도로 도로 지미 사바하(3편)

개경게(開經偈, 경전을 펴는 게송)
위없이~   심히깊은   미묘한법을
백천만겁   지난들~   어찌만나리
제가이제   보고듣고   받아지니니
부처님의   진실한뜻   알아지이다.

개법장진언(開法藏眞言, 법장을 여는 진언)
옴 아라남 아라다(3편)

천수천안   관음보살   광대하고   원만하며

걸림없는   대비심의   다라니를   청하옵니다.

자비로운   관세음께   절하옵나니
크신원력   원만상호   갖추시옵고
천손으로   중생들을   거두시오며
천눈으로   광명비춰   두루살피네.

진실하온   말씀중에   다라니펴고
함이없는   마음중에   자비심내어
온갖소원   지체없이   이뤄주시고
모든죄업   길이길이   없애주시네.

천룡들과   성현들이   옹호하시고
백천삼매   한순간에   이루어지니
이다라니   지닌몸은   광명당이요
이다라니   지닌마음   신통장이라

모든번뇌   씻어내고   고해를건너
보리도의   방편문을   얻게되오며

제가이제 　 지송하고 　 귀의하오니

온갖소원 　 마음따라 　 이뤄지이다.

자비하신 　 관세음께 　 귀의하오니

일체법을 　 어서속히 　 알아지이다.

자비하신 　 관세음께 　 귀의하오니

지혜의눈 　 어서어서 　 얻어지이다.

자비하신 　 관세음께 　 귀의하오니

모든중생 　 어서속히 　 건네지이다.

자비하신 　 관세음께 　 귀의하오니

좋은방편 　 어서어서 　 얻어지이다.

자비하신 　 관세음께 　 귀의하오니

지혜의배 　 어서속히 　 올라지이다.

자비하신 　 관세음께 　 귀의하오니

고통바다 　 어서어서 　 건너지이다.

자비하신 　 관세음께 　 귀의하오니

계정혜를 　 어서속히 　 얻어지이다.

자비하신 　 관세음께 　 귀의하오니

열반언덕 　 어서어서 　 올라지이다.

자비하신 관세음께 귀의하오니
무위집에 어서속히 들어지이다.
자비하신 관세음께 귀의하오니
진리의몸 어서어서 이뤄지이다.

칼산지옥 제가가면 칼산절로 꺾여지고
화탕지옥 제가가면 화탕절로 사라지며
지옥세계 제가가면 지옥절로 없어지고
아귀세계 제가가면 아귀절로 배부르며
수라세계 제가가면 악한마음 선해지고
축생세계 제가가면 지혜절로 얻어지이다.

나무 관세음보살마하살
나무 대세지보살마하살
나무 천수보살마하살
나무 여의륜보살마하살
나무 대륜보살마하살
나무 관자재보살마하살
나무 정취보살마하살

나무 만월보살마하살

나무 수월보살마하살

나무 군다리보살마하살

나무 십일면보살마하살

나무 제대보살마하살

나무 본사아미타불(3편)

신묘장구 대다라니(神妙章句大陀羅尼, 신묘한 대다라니)

나모라 다나 다라야야 나막알약 바로기제 새바라야 모지
사다바야 마하사다바야 마하가로 니가야 옴 살바 바예수 다
라나 가라야 다사명 나막 끼리다바 이맘알야 바로기제 새바
라 다바 니라간타 나막하리나야 마발다 이사미 살발타 사다
남 수반아예염 살바보다남 바바마라 미수다감 다냐타 옴 아
로계 아로가 마지로가 지가란제 혜혜하례 마하모지 사다바
사마라 사마라 하리나야 구로구로 갈마 사다야 사다야 도로
도로 미연제 마하미연제 다라다라 다린 나례 새바라 자라자
라 마라미마라 아마라 몰제예혜혜 로계새바라 라아 미사미
나사야 나베사미사미 나사야 모하자라 미사미 나사야 호로
호로 마라호로 하례 바나마나바 사라사라 시리시리 소로소

로 못쟈못쟈 모다야 모다야 매다리야 니라간타 가마사 날사
남 바라하라나야 마낙 사바하 싯다야 사바하 마하싯다야 사
바하 싯다유예 새바라야 사바하 니라간타야 사바하 바라하
목카싱하 목카야 사바하 바나마 하따야 사바하 자가라 욕다
야 사바하 상카섭나네 모다나야 사바하 마하라 구타다라야
사바하 바마사간타 이사시체다 가릿나 이나야 사바하 먀가
라 잘마니바 사나야 사바하

　나모라 다나다라 야야 나막알야 바로기제 새바라야 사바
하(3번)

　사방찬(四方讚, 사방을 깨끗이 하는 찬)-독송은 하지 않음.

　동방에~　　물뿌리니　도량이맑고
　남방에~　　물뿌리니　청량얻으며
　서방에~　　물뿌리니　정토이루고
　북방에~　　물뿌리니　평안해지네.

　도량찬(道場讚, 청정한 도량의 찬)-독송은 하지 않음.

　온도량이　청정하여　티끌없으니
　삼보천룡　이도량에　강림하시네

제가이제   묘한진언   외우옵나니,

대자대비   베푸시어   가호하소서

참회게(懺悔偈, 죄업을 뉘우치는 게송)-독송은 하지 않음.

지난세월   제가지은   모든악업은

옛적부터   탐진치로   말미암아서

몸과말과   생각으로   지었사오니

제가이제   모든죄업   참회합니다.

참제업장십이존불(懺除業障十二尊佛, 열두 부처님을 칭명하여, 듣게 되면 업장이 소멸되는 가지참회법)-독송은 하지 않음.

나무 참제업장 보승장불

보광왕 화렴조불

일체향화 자재력왕불

백억항하사 결정불

진위덕불

금강견강 소복괴산불

보광월전 묘음존왕불

환희장마니 보적불

무진향 승왕불

사자월불

환희장엄 주왕불

제보당마니 승광불

<u>십악참회</u>(十惡懺悔, 열 가지 악업을 참회함)-독송은 하지 않음.

살생으로　지은죄업　참회합니다.

도둑질로　지은죄업　참회합니다.

사음으로　지은죄업　참회합니다.

거짓말로　지은죄업　참회합니다.

꾸민말로　지은죄업　참회합니다.

이간질로　지은죄업　참회합니다.

악한말로　지은죄업　참회합니다.

탐욕으로　지은죄업　참회합니다.

성냄으로　지은죄업　참회합니다.

어리석어　지은죄업　참회합니다.

오랜세월　쌓인죄업　한생각에　없어지니

마른풀이　타버리듯　남김없이　사라지네.

죄의자성　본래없어　마음따라　일어나니

마음이~ 사라지면 죄도함께 없어지네.

모든죄가 없어지고 마음조차 사라져서

죄와마음 공해지면 진실한~ 참회라네

참회진언(懺悔眞言, 죄업을 뉘우치는 진언)

옴 살바 못자모지 사다야 사바하(3편)

준제찬(準提讚, 준제주의 찬)-독송은 하지 않음.

준제주는 모든공덕 보고이어라

고요한~ 마음으로 항상외우면

이세상~ 온갖재난 침범못하리

하늘이나 사람이나 모든중생이

부처님과 다름없는 복을받으니

이와같은 여의주를 지니는이는

결정코~ 최상의법 이루오리라.

나무 칠구지불모대준제보살(3편)

정법계진언(淨法界眞言, 법계를 맑게 하는 진언)

옴 람(3편)

호신진언(護身眞言, 몸을 보호하는 진언)

옴 치림(3편)

관세음보살 본심미묘 육자대명왕진언(觀世音菩薩本心微妙六字大明

王眞言, 관세음보살님의 본마음을 보여주는 미묘한 육자대명왕진언)

옴 마니 반메 훔(3편)

준제진언(准提眞言, 준제보살의 진언)

나무 사다남 삼먁삼못다 구치남 다냐타

『옴 자례주례 준제 사바하 부림』(3편)

준제발원(准提發願, 준제보살의 발원)-독송은 하지 않음.

제가이제   준제주를   지송하오니

보리심을   발하오며   큰원세우고

선정지혜   어서속히   밝아지오며

모든공덕   남김없이   성취하옵고

수승한복   두루두루   장엄하오며

모든중생   깨달음을   이뤄지이다.

여래십대발원문(如來十大發願文, 부처님께 발하는 열 가지 원)

원하오니	삼악도를	길이여의고
탐진치~	삼독심을	속히끊으며
불법승~	삼보이름	항상듣고서
계정혜~	삼학도를	힘써닦으며
부처님을	따라서~	항상배우고
원컨대~	보리심에	항상머물며
결정코~	극락세계	가서태어나
아미타~	부처님을	친견하옵고
온세계~	모든국토	몸을나투어
모든중생	빠짐없이	건져지이다.

발사홍서원(發四弘誓願, 네 가지 큰 서원)

가없는~	중생을~	건지오리다.
끝없는~	번뇌를~	끊으오리다.
한없는~	법문을~	배우오리다.
위없는~	불도를~	이루오리다.

자성의~   중생을~   건지오리다.

자성의~   번뇌를~   끊으오리다.

자성의~   법문을~   배우오리다.

자성의~   불도를~   이루오리다.

제가 이제 삼보님께 귀명합니다.

시방세계 부처님께 귀명합니다.

시방세계 가르침에 귀명합니다.

시방세계 스님들께 귀명합니다.

의상조사 법성게(法性偈)

법성원융무이상　法性圓融無二相

제법부동본래적　諸法不動本來寂

무명무상절일체　無名無相絶一切

증지소지비여경　證智所知非餘境

진성심심극미묘　眞性甚深極微妙

불수자성수연성　不守自性隨然成

일중일체다중일　一中一切多中一

일즉일체다즉일　一卽一切多卽一

일미진중함시방　一味塵中含十方

일체진중역여시　一切塵中亦如是

무량원겁즉일념　無量遠劫卽一念

일념즉시무량겁　一念卽是無量劫

구세십세호상즉　九世十世互相卽

잉불잡란격별성　仍不雜亂隔別成

초발심시변정각　初發心時便正覺

생사열반상공화　生死涅槃相共和

이사명연무분별　理事冥然無分別

십불보현대인경　十佛普賢大人境

능인해인삼매중　能仁海印三昧中

번출여의부사의　繁出如意不思議

우보익생만허공　雨寶益生滿虛空

중생수기득이익　衆生隨器得利益

시고행자환본제　是故行者還本除

파식망상필부득　파息忘想必不得

무연선교착여의　無緣善巧捉如意

귀가수분득자량　歸家隨分得資糧

이다라니무진보　以陀羅尼無盡寶

장엄법계실보전　莊嚴法界實寶殿

궁좌실제중도상　窮坐實際中道床

구래부동명위불　舊來不動名爲佛

우리말 의상조사 법성게

법의성품　원융하여　두모양이　본래없고
모든법이　부동하여　본래부터　고요하네
이름없고　모양없어　헤아려선　알수없고
깨달아야　알일일뿐　달리알수　없는지라
참된성품　깊고깊어　지극히도　미묘하여
자기성품　고집않고　인연따라　나타나네
하나안에　일체있고　일체안에　하나있어
하나가곧　일체이고　일체가곧　하나니라
한티끌속　그가운데　온우주를　머금었고
삼라만상　티끌들도　살펴보니　그와같네
한량없는　무량겁이　한생각의　찰나이고
한찰나의　한생각이　한량없는　시간이라
무한시간　한순간이　서로함께　어울리되
혼란없이　정연하게　따로따로　이루었네
처음발심　했을때가　바른깨침　이룬때요
생사열반　두경계가　바탕에선　한몸이니

이와사가　　명연하여　　분별할길　　없는것이
부처님과　　보현보살　　성인들의　　경계로다
부처님의　　거룩한법　　갈무리한　　해인삼매
불가사의　　무궁한법　　그안에서　　드러나니
모든중생　　유익토록　　온누리에　　법비내려
중생들의　　그릇따라　　온갖이익　　얻게하네
이런고로　　수행자는　　근본으로　　돌아가되
망상심을　　쉬지않곤　　얻을것이　　하나없네
무연자비　　좋은방편　　뜻한대로　　얻어지녀
보리열반　　성취하는　　밑거름을　　얻음일세
다라니의　　큰위신력　　다함없는　　무진보배
온법계를　　장엄하여　　불국토를　　이루면서
마침내는　　진여법성　　중도자리　　깨달으니
본래부터　　부동하여　　이름하여　　부처라네

자비경(Metta-Sutta)[8]

세상을 널리 이롭게 하는 일에 능숙하며

평정의 지혜를 성취하고자 하는 이는

유능하고 정직하며 상냥하고 온유하여 교만하지 말라.

늘 만족할 줄 알아서 남들이 공양하기 쉬워야 하며,

분주하지 않고 소박하고 간소하게 생활하라.

몸과 마음을 고요히 하여 지혜롭게 행동할지니

무모하게 나서지 말고, 매사에 집착하지 말라.

다른 현자들이 비난할 만한 어떤 일도 하지 말라.

오직 모든 중생들이 안온하기를,

모든 중생들이 행복하기를 하고 발원하라.

살아 있는 것이든, 그 어떤 것이든,

동물이든 식물이든 남김없이,

길거나 짧거나, 작거나 크거나,

살아있는 것은 약한 것이건 강한 것이건,

길고 크거나, 중간정도 이거나, 짧고 작거나,

---

8) 우리가 반야심경을 늘 독송하듯, 남방불교에서는 자비경을 늘 독송하면서, 자비심을 닦는
   다고 한다

미세하거나 거칠거나,

눈에 보이는 것이거나, 눈으로 볼 수 없는 것이거나,

멀리 떨어져 살거나, 가까이 살거나,

이미 태어난 것이거나, 태어날 것이거나,

그 모든 중생들이 언제나 행복하기를.

서로가 서로를 속이지 않고 헐뜯지도 말지니,

어디에 있든, 그 누구든 간에, 그 어떤 생명도

분노와 원한으로 인해 고통 받기를 바라지 않는다.

마치 어머니가 하나뿐인 아들을 목숨 바쳐 구하듯,

이처럼 일체 모든 중생들을 위하여

한량없는 자비의 마음을 일으키라.

또한 온누리 이 세상의 모든 이들을 위하여,

높고 깊고 넓은 곳 그 끝까지

장애 없이, 원한 없이, 적의 없이,

모두를 감싸는 한량없는 자비와 사랑의 마음을 닦으라.

서 있거나 앉아 있거나 누워 있거나 깨어 있는 한

자비의 마음을 굳게 새길 것이니,

이것이야말로 참으로 거룩한 삶이요 청정한 삶이다.

삿된 견해에 의지하지 말고 계행을 갖추며

지혜로운 통찰의 안목을 갖추며

감각적인 욕망을 다스리면

그는 결코 다시는 고통의 굴레에 떨어지지 않을 것이다.

최상의 행복경[9]

이와 같이 나는 들었다.
부처님께서 사위국 기수급 고독원에 계실 때,
하루는 이른 아침 한 천녀가 부처님께 찾아와 여쭈었다.

"부처님이시여, 여러 신들과 모든 사람들이
여러 가지로 행복을 구하고 있으나,
어떤 것이 최상의 행복인지 모르고 있사오니,
저에게 최상의 행복이 무엇인지를 설해 주소서"

부처님께서는 천녀에게 설하셨다.

"어리석은 자와 사귀지 않고
현명한 이들과 사귀며
존경받을 만한 사람들을 존경하는 것,
이것이 최상의 행복이다.

---

9) 이 경전도 남방불교에서 널리 독송되는 경전 중 하나이다.

행복한 삶과 좋은 환경을 얻고자 한다면
선행을 닦아 복(福)을 짓고
서원을 세워 도(道)를 닦아야 하니,
이것이 최상의 행복이다.

끊임없이 공부하고 기술을 익히며,
법과 계율을 지키고,
몸을 잘 다스리고, 언제나 향기로운 말을 하는 것,
이것이 최상의 행복이다.

부모님을 잘 모시고,
배우자와 자식을 사랑으로 보살피며
자기 직업에 최선을 다하되 남들에게 피해주지 않는 것,
이것이 최상의 행복이다.

비난 받을 만한 행동을 하지 않고,
남들에게 보시를 실천하며, 착한 일을 많이 하고,
가족에 대한 책임을 다하며 친척 간에 화합하는 것,
이것이 최상의 행복이다.

모든 악한 행동을 하지 않고,
술을 절제할 줄 알며,
복 짓고 덕 쌓는 일에 게으르지 않는 것,
이것이 최상의 행복이다.

존경 받을 행동을 하며, 겸손할 줄 알고,
주어진 것에 만족하고, 감사한 마음으로 살면서,
때에 맞춰 부처님의 가르침을 듣는다면
이것이 최상의 행복이다.

인내심이 있고,
말을 따뜻하고 온화하게 하며,
훌륭한 스님들을 찾아뵙고 법문 듣는 것
이것이 최상의 행복이다.

부처님의 법대로 마음을 다스리며
괴로움에서 벗어나기 위해 사성제를 닦으며
실천 수행하여 깨달음을 증득하는 것,

이것이 최상의 행복이다.

세상의 온갖 잡스러운 일에 사로잡히지 말고
좋고 나쁜 경계에 동요되지 말며
항상 번뇌망상에서 떠나 평안하다면,
이것이 최상의 행복이다."

부처님께서 이와 같이 최상의 행복을 설해 주시자,
천인은 공손히 듣고
부처님께 공경 예배하며 물러갔다.

금 강 경

정구업진언 『수리수리 마하수리 수수리 사바하』(3번)

오방내외안위제신진언 『나무 사만다 못다남 옴 도로 도로 지미 사바하』

개경게 무상심심미묘법 백천만겁난조우 아금문견득수지 원해여래진실의

개법장진언 『옴 아라남 아라다』(3번)

금강반야바라밀경

1. 법회인유분 - 읽지 않음(이후 계속)

여시아문 일시 불재사위국 기수급고독원 여대비구중 천이백오십인구 이시 세존식시 착의지발 입사위대성걸식 어기성중 차제걸이 환지본처 반사흘 수의발 세족이 부좌이좌

2. 선현기청분

시 장로수보리 재대중중 즉종좌기 편단우견 우슬착지 합

장공경 이백불언 희유세존 여래선호념제보살 선부촉제보살
세존 선남자선여인 발아뇩다라삼먁삼보리심 응운하주 운하
항복기심 불언 선재선재 수보리 여여소설 여래 선호념제보
살 선부촉제보살 여금제청 당위여설 선남자선여인 발아뇩다
라삼먁삼보리심 응여시주 여시항복기심 유연세존 원요욕문

3. 대승정종분

불고수보리 제보살마하살 응여시항복기심 소유일체 중생지
류 약난생 약태생 약습생 약화생 약유색 약무색 약유상 약
무상 약비유상비무상 아개영입 무여열반 이멸도지 여시멸도
무량무수무변중생 실무중생득멸도자 하이고 수보리 약보살
유아상 인상 중생상 수자상 즉비보살

4. 묘행무주분

부차수보리 보살어법 응무소주 행어보시 소위부주색보시
부주성향미촉법보시 수보리 보살응여시보시 부주어상 하이
고 약보살 부주상보시 기복덕 불가사량 수보리 어의운하 동
방허공 가사량부 불야세존 수보리 남서북방 사유상하허공
가사량부 불야세존 수보리 보살 무주상보시 복덕 역부여시

불가사량 수보리 보살단응여소교주

5. 여리실견분

수보리 어의운하 가이신상 견여래부 불야세존 불가이신상 득견여래 하이고 여래소설신상 즉비신상 불고수보리 범소유상 개시허망 약견제상비상 즉견여래

6. 정신희유분

수보리백불언 세존 파유중생 득문여시언설장구 생실신부 불고수보리 막작시설 여래멸후 후오백세 유지계수복자 어차장구 능생신심 이차위실 당지시인 불어일불이불삼사오불 이종선근 이어무량 천만불소 종제선근 문시장구 내지일념 생정신자 수보리 여래 실지실견 시제중생 득여시 무량복덕 하이고 시제중생 무부아상인상중생상수자상 무법상 역무비법상 하이고 시제중생 약심취상 즉위착아인중생수자 약취법상 즉착아인중생수자 하이고 약취비법상 즉착아인중생수자 시고 불응취법 불응취비법 이시의고 여래상설 여등비구 지아설법 여벌유자 법상응사 하황비법

7. 무득무설분

수보리 어의운하 여래득아뇩다라삼먁삼보리야 여래유소설 법야 수보리언 여아해불소설의 무유정법 명아뇩다라삼먁삼 보리 역무유정법 여래가설 하이고 여래소설법 개불가취 불 가설 비법 비비법 소이자하 일체현성 개이무위법 이유차별

8. 의법출생분

수보리 어의운하 약인 만삼천대천세계칠보 이용보시 시인 소득복덕 영위다부 수보리언 심다세존 하이고 시복덕 즉비 복덕성 시고여래설복덕다 약부유인 어차경중 수지내지사구 게등 위타인설 기복승피 하이고 수보리 일체제불 급제불아 뇩다라삼먁삼보리법 개종차경출 수보리 소위불법자 즉비불 법

9. 일상무상분

수보리 어의운하 수다원 능작시념 아득수다원과부 수보리 언 불야세존 하이고 수다원 명위입류 이무소입 불입색성향 미촉법 시명수다원 수보리 어의운하 사다함 능작시념 아득 사다함과부 수보리언 불야세존 하이고 사다함 명일왕래 이

실무왕래 시명사다함 수보리 어의운하 아나함 능작시념 아
득아나함과부 수보리언 불야세존 하이고 아나함 명위불래
이실무불래 시고 명아나함 수보리 어의운하 아라한 능작시
념 아득아라한도부 수보리언 불야세존 하이고 실무유법명아
라한 세존 약아라한 작시념 아득아라한도 즉위착아인중생수
자 세존 불설아득무쟁삼매인중 최위제일 시제일이욕아라한
야부작시념 아시이욕아라한 세존 아약작시념 아득아라한도
세존즉불설 수보리시요아란나행자 이수보리실무소행 이명수
보리 시요아란나행

10. 장엄정토분

불고수보리 어의운하 여래 석재연등불소 어법유소득부 불
야세존 여래재연등불소 어법실무소득 수보리 어의운하 보살
장엄불토부 불야세존 하이고 장엄불토자 즉비장엄 시명장엄
시고 수보리 제보살마하살 응여시생청정심 불응주색생심 불
응주성향미촉법생심 응무소주 이생기심 수보리 비여유인 신
여수미산왕 어의운하 시신위대부 수보리언 심대세존 하이고
불설비신 시명대신

11. 무위복승분

수보리 여항하중소유사수 여시사등항하 어의운하 시제항하
사 영위다부 수보리언 심다세존 단제항하 상다무수 하황기
사 수보리 아금실언고여 약유선남자선여인 이칠보 만이소항
하사수삼천대천세계 이용보시 득복다부 수보리언 심다세존
불고수보리 약선남자선여인 어차경중 내지수지사구게등 위
타인설 이차복덕 승전복덕

12. 존중정교분

부차수보리 수설시경 내지사구게등 당지차처 일체세간천인
아수라 개응공양 여불탑묘 하황유인진능수지독송 수보리 당
지시인 성취최상제일희유지법 약시경전소재지처 즉위유불
약존중제자

13. 여법수지분

이시 수보리백불언 세존 당하명차경 아등운하봉지 불고수
보리 시경 명위금강반야바라밀 이시명자 여당봉지 소이자하
수보리 불설반야바라밀 즉비반야바라밀 시명반야바라밀 수
보리 어의운하 여래유소설법부 수보리백불언 세존 여래무소

설 수보리 어의운하 삼천대천세계 소유미진 시위다부 수보리언 심다세존 수보리 제미진 여래설비미진 시명미진 여래설세계 비세계 시명세계 수보리 어의운하 가이삼십이상 견여래부 불야세존 불가이삼십이상 득견여래 하이고 여래설삼십이상 즉시비상 시명삼십이상 수보리 약유선남자선여인 이항하사등신명보시 약부유인 어차경중 내지수지사구게등 위타인설 기복심다

14. 이상적멸분

이시 수보리 문설시경 심해의취 체루비읍 이백불언 희유세존 불설여시심심경전 아종석래소득혜안 미증득문여시지경세존 약부유인 득문시경 신심청정 즉생실상 당지시인 성취제일희유공덕 세존 시실상자 즉시비상 시고 여래설명실상세존 아금득문여시경전 신해수지 부족위난 약당래세 후오백세 기유중생 득문시경 신해수지 시인 즉위제일희유 하이고 차인 무아상인상중생상수자상 소이자하 아상즉시비상 인상중생상수자상즉시비상 하이고 이일체제상 즉명제불 불고수보리 여시여시 약부유인 득문시경 불경불포불외 당지시인 심위희유 하이고 수보리 여래설제일바라밀 즉비제일바라밀

시명제일바라밀 수보리 인욕바라밀 여래설비인욕바라밀 하
이고 수보리 여아석위가리왕 할절신체 아어이시 무아상 무
인상 무중생상 무수자상 하이고 아어왕석절절지해시 약유아
상인상중생상수자상 응생진한 수보리 우념과거어오백세 작
인욕선인 어이소세 무아상 무인상 무중생상 무수자상 시고
수보리 보살응리일체상 발아뇩다라삼먁삼보리심 불응주색생
심 불응주성향미촉법생심 응생무소주심 약심유주 즉위비주
시고 불설보살 심불응주색보시 수보리 보살 위이익일체중생
응여시보시 여래설일체제상 즉시비상 우설일체중생 즉비중
생 수보리 여래시진어자 실어자 여어자 불광어자 불이어자
수보리 여래소득법 차법무실무허 수보리 약보살 심주어법
이행보시 여인입암 즉무소견 약보살 심부주법 이행보시 여
인유목 일광명조 견종종색 수보리 당래지세 약유선남자선여
인 능어차경 수지독송 즉위여래 이불지혜 실지시인 실견시
인 개득성취 무량무변공덕

15. 지경공덕분
수보리 약유선남자선여인 초일분 이항하사등신보시 중일분
부이항하사등신보시 후일분 역이항하사등신보시 여시무량백

천만억겁 이신보시 약부유인 문차경전 신심불역 기복승피 하황서사수지독송 위인해설 수보리 이요언지 시경 유불가사 의불가칭량무변공덕 여래위발대승자설 위발최상승자설 약유인 능수지독송 광위인설 여래실지시인 실견시인 개득성취불 가량불가칭무유변불가사의공덕 여시인등 즉위하담여래아뇩 다라삼먁삼보리 하이고 수보리 약요소법자 착아견인견중생 견수자견 즉어차경 불능청수독송 위인해설 수보리 재재처처 약유차경 일체세간 천인아수라 소응공양 당지차처 즉위시탑 개응공경 작례위요 이제화향 이산기처

16. 능정업장분

부차 수보리 선남자선여인 수지독송차경 약위인경천 시인 선세죄업 응타악도 이금세인경천고 선세죄업 즉위소멸 당득 아뇩다라삼먁삼보리 수보리 아념과거무량아승기겁 어연등불 전 득치팔백사천만억나유타제불 실개공양승사 무공과자 약 부유인 어후말세 능수지독송차경 소득공덕 어아소공양제불 공덕 백분불급일 천만억분 내지산수비유 소불능급 수보리 약선남자선여인 어후말세 유수지독송차경 소득공덕 아약구 설자 혹유인문 심즉광란 호의불신 수보리 당지 시경의 불가

17. 구경무아분

이시 수보리백불언 세존 선남자선여인 발아뇩다라삼먁삼보리심 운하응주 운하항복기심 불고수보리 약선남자선여인 발아뇩다라삼먁삼보리심자 당생여시심 아응멸도일체중생 멸도일체중생이 이무유일중생 실멸도자 하이고 수보리 약보살 유아상인상중생상수자상 즉비보살 소이자하 수보리 실무유법 발아뇩다라삼먁삼보리심자 수보리 어의운하 여래어연등불소 유법득아뇩다라삼먁삼보리부 불야세존 여아해불소설의 불어연등불소 무유법득아뇩다라삼먁삼보리 불언 여시여시 수보리 실무유법 여래득아뇩다라삼먁삼보리 수보리 약유법 여래득아뇩다라삼먁삼보리자 연등불 즉불여아수기 여어래세 당득작불 호석가모니 이실무유법득아뇩다라삼먁삼보리 시고 연등불 여아수기 작시언 여어래세 당득작불 호석가모니 하이고 여래자 즉제법여의 약유인언 여래득아뇩다라삼먁삼보리 수보리 실무유법 불득아뇩다라삼먁삼보리 수보리 여래소득아뇩다라삼먁삼보리 어시중 무실무허 시고 여래설 일체법 개시불법 수보리 소언일체법자 즉비일체법 시고 명일체법

수보리 비여인신장대 수보리언 세존 여래설인신장대 즉위비
대신 시명대신 수보리 보살역여시 약작시언 아당멸도무량중
생 즉불명보살 하이고 수보리 실무유법명위보살 시고 불설
일체법 무아무인무중생무수자 수보리 약보살작시언 아당장
엄불토 시불명보살 하이고 여래설장엄불토자 즉비장엄 시명
장엄 수보리 약보살 통달무아법자 여래설명진시보살

18. 일체동관분

수보리 어의운하 여래유육안부 여시세존 여래유육안 수보
리 어의운하 여래유천안부 여시세존 여래유천안 수보리 어
의운하 여래유혜안부 여시세존 여래유혜안 수보리 어의운하
여래유법안부 여시세존 여래유법안 수보리 어의운하 여래유
불안부 여시세존 여래유불안 수보리 어의운하 여항하중소유
사 불설시사부 여시세존 여래설시사 수보리 어의운하 여일
항하중소유사 유여시등항하 시제항하소유사수불세계 여시영
위다부 심다세존 불고수보리 이소국토중 소유중생 약간종심
여래실지 하이고 여래설제심 개위비심 시명위심 소이자하
수보리 과거심불가득 현재심불가득 미래심불가득

19. 법계통화분

수보리 어의운하 약유인 만삼천대천세계칠보 이용보시 시인 이시인연 득복다부 여시세존 차인 이시인연 득복심다 수보리 약복덕유실 여래불설득복덕다 이복덕무고 여래설득복덕다

20. 이색이상분

수보리 어의운하 불가이구족색신 견부 불야세존 여래불응이구족색신견 하이고 여래설구족색신 즉비구족색신 시명구족색신 수보리 어의운하 여래가이구족제상견부 불야세존 여래 불응이구족제상견 하이고 여래설제상구족 즉비구족 시명제상구족

21. 비설소설분

수보리 여물위여래작시념 아당유소설법 막작시념 하이고 약인언 여래유소설법 즉위방불 불능해아소설고 수보리 설법자 무법가설 시명설법 이시 혜명수보리 백불언 세존 파유중생 어미래세 문설시법 생신심부 불언 수보리 피비중생 비불중생 하이고 수보리 중생중생자 여래설비중생 시명중생

22. 무법가득분

수보리백불언 세존 불득아뇩다라삼먁삼보리 위무소득야 불
언 여시여시 수보리 아어아뇩다라삼먁삼보리 내지무유소법
가득 시명아뇩다라삼먁삼보리

23. 정심행선분

부차 수보리 시법평등 무유고하 시명아뇩다라삼먁삼보리
이무아무인무중생무수자 수일체선법 즉득아뇩다라삼먁삼보
리 수보리 소언선법자 여래설 즉비선법 시명선법

24. 복지무비분

수보리 약삼천대천세계중 소유제수미산왕 여시등칠보취 유
인 지용보시 약인 이차반야바라밀경 내지사구게등 수지독송
위타인설 어전복덕 백분불급일 백천만억분 내지산수비유 소
불능급

25. 화무소화분

수보리 어의운하 여등물위여래작시념 아당도중생 수보리

막작시념 하이고 실무유중생여래도자 약유중생 여래도자 여
래즉유아인중생수자 수보리 여래설 유아자 즉비유아 이범부
지인 이위유아 수보리 범부자 여래설 즉비범부

26. 법신비상분

수보리 어의운하 가이삼십이상 관여래부 수보리언 여시여
시 이삼십이상 관여래 불언 수보리 약이삼십이상 관여래자
전륜성왕 즉시여래 수보리백불언 세존 여아해불소설의 불응
이삼십이상 관여래 이시세존 이설게언 약이색견아 이음성구
아 시인행사도 불능견여래

27. 무단무멸분

수보리 여약작시념 여래불이구족상고 득아뇩다라삼먁삼보
리 수보리 막작시념 여래불이구족상고 득아뇩다라삼먁삼보
리 수보리 여약작시념 발아뇩다라삼먁삼보리자 설제법단멸
상 막작시념 하이고 발아뇩다라삼먁삼보리심자 어법 불설단
멸상

28. 불수불탐분

수보리 약보살 이만항하사등세계칠보 지용보시 약부유인 지일체법무아 득성어인 차보살 승전보살소득공덕 수보리 이 제보살 불수복덕고 수보리백불언 세존 운하보살 불수복덕 수보리 보살 소작복덕 불응탐착 시고 설불수복덕

29. 위의적정분
수보리 약유인언 여래약래약거약좌약와 시인 불해아소설의 하이고 여래자 무소종래 역무소거 고명여래

30. 일합이상분
수보리 약선남자선여인 이삼천대천세계 쇄위미진 어의운하 시미진중 영위다부 심다세존 하이고 약시미진중 실유자 불 즉불설시미진중 소이자하 불설미진중 즉비미진중 시명미진 중 세존 여래소설 삼천대천세계 즉비세계 시명세계 하이고 약세계 실유자 즉시일합상 여래설일합상 즉비일합상 시명일 합상 수보리 일합상자 즉시불가설 단범부지인 탐착기사

31. 지견불생분
수보리 약인언 불설아견인견중생견수자견 수보리 어의운하

시인 해아소설의부 불야세존 시인 불해여래소설의 하이고
세존설아견인견중생견수자견 즉비아견인견중생견수자견 시
명아견인견중생견수자견 수보리 발아뇩다라삼먁삼보리심자
어일체법 응여시지 여시견 여시신해 불생법상 수보리 소언
법상자 여래설즉비법상 시명법상

32. 응화비진분

수보리 약유인 이만무량아승지세계칠보 지용보시 약유선남
자선여인 발보살심자 지어차경 내지사구게등 수지독송 위인
연설 기복승피 운하위인연설 불취어상 여여부동 하이고 일
체유위법 여몽환포영 여로역여전 응작여시관 불설시경이 장
로수보리 급제비구비구니 우바새우바이 일체세간천인아수라
문불소설 개대환희 신수봉행

원이차공덕 보급어일체 아등여중생 당생극락국
동견무량수 개공성불도

우리말 금강경

금강반야바라밀경

제1분 법회가 열리게 된 연유(緣由) - 읽지않음(이후 계속)

이와 같이 나는 들었다. 한 때 부처님께서는 사위국 기수 급고독원에서 1250인의 큰 비구 스님들과 함께 계셨다. 그 때 부처님께서는 공양 시간이 되자, 가사와 발우를 수하시고 사위성에 들어가시어 차례대로 탁발을 하신 다음 본래 계시던 곳으로 돌아오셔서 공양을 하셨다. 공양을 마치시고는 가사와 발우를 제자리에 놓으시고 발을 씻으신 다음 자리를 펴고 앉으셨다.

제2분 수보리가 가르침을 청함

그때 장로 수보리가 대중과 함께 있다가 자리에서 일어나 한 쪽 어깨에 가사를 수하고 오른쪽 무릎을 땅에 대고 공경스럽게 두 손 모아 합장하여 예를 올렸다. 그리고는 부처님께 이렇게 여쭈었다.

"경이롭습니다. 세존이시여, 참으로 희유한 일입니다. 여래께서는 모든 보살들을 잘 보살펴 주시고, 모든 보살들이 불법을 잘 전하도록 부촉하십니다. 세존이시여, 아뇩다라삼먁삼보리의 마음을 발한 선남자(善男子)와 선여인(善女人)들은 그 마음을 어떻게 머물러야 하고, 어떻게 수행해 나가야 하며, 어떻게 그 마음을 다스려야 합니까?"

부처님께서 말씀하셨다.

"훌륭하고 훌륭하구나 수보리여, 그대가 말한 것처럼 여래는 모든 보살들을 잘 보살피며, 모든 보살들에게 잘 부촉하고 있느니라. 내가 그대를 위해서 말하노니 잘 들으라. 아뇩다라삼먁삼보리심을 발한 선남자와 선여인이 어떻게 그 마음을 머물러야 하고, 어떻게 수행해 나가야 하며, 어떻게 그 마음을 다스려야 하는지를 그대에게 설하리라. "

"그러겠습니다. 세존이시여, 기쁜 마음으로 듣고자 합니다."

제3분 대승의 바른 종지

부처님께서 수보리에게 말씀하셨다.

"수보리여, 모든 보살마하살은 마땅히 이와 같이 마음을 내어야 한다. '존재하는 일체 모든 중생의 종류인, 이른바 알에서 태어나는 것, 모태에서 태어나는 것, 습기에서 태어나는 것, 화현하여 태어나는 것, 형상이 있는 것, 형상이 없는 것, 생각이 있는 것, 생각이 없는 것, 생각이 있는 것도 아니고 생각이 없는 것도 아닌 것들을 내가 다 아무것도 남지 않는 무여열반(無餘涅槃)의 세계로 인도하여 완전한 멸도에 들게 하리라.'

그러나 이와 같이 헤아릴 수 없이 많은 중생들을 완전히 열반에 들게 했다 하더라도 실은 한 중생도 열반을 얻은 자는 없다. 왜 그러한가 수보리야, 만약 보살이 아상, 인상, 중생상, 수자상이라는 생각이 있으면 곧 보살이 아니기 때문이다."

제4분 머무름 없는 묘행

"수보리야, 보살은 마땅히 경계(법)에 머무는 바 없이 보시를 해야 한다. 이른바 색에 머무는 바 없이 보시할 것이며, 성·향·미·촉·법에 머물지 말고 보시를 해야 한다. 수보리야, 보살은 이와 같이 보시해야 할 것이며, 상에 머물러서는 안 된다. 왜 그러한가? 만약 보살이 상에 머물지 않고 보시한다면, 그 복덕은 가히 생각으로 헤아릴 수 없기 때문이다.

　"수보리야, 너는 어떻게 생각하느냐? 동쪽 허공을 가히 생각으로 헤아릴 수 있겠느냐?"

　"헤아릴 수 없습니다. 세존이시여."

　"수보리야, 남서북방과 네 간방과 위 아래 허공을 가히 생각으로 헤아릴 수 있겠느냐?"

　"헤아릴 수 없습니다. 세존이시여."

　"수보리야, 보살이 상에 머물지 않고 보시하는 복덕도 또한 이와 같아서 가히 생각으로 헤아릴 수 없다. 수보리야, 보살은 다만 가르친 바와 같이 머물러야 한다."

　제5분 진리의 참 모습을 보라.

　"수보리야, 너는 어떻게 생각하느냐? 몸의 형상을 보고서 여래를 보았다고 할 수 있겠느냐?"

　"할 수 없습니다. 세존이시여. 몸의 형상으로는 여래를 볼 수 없습니다. 왜냐하면 여래께서 말씀하신 몸의 형상은 곧 몸의 형상이 아니기 때문입니다."

　부처님께서 수보리에게 말씀하셨다.

　"무릇 형상 있는 것은 모두 허망한 것이니, 만약 모든 형상이 형상이 아님을 보면 곧 여래를 볼 것이다."

제6분 바른 믿음은 드물다.

수보리가 부처님께 사뢰었다.

"세존이시여, 중생들이 미래세의 후 오백세에 정법이 쇠퇴한 시기가 되었을 때 이같은 말씀이나 글귀를 듣고 참된 믿음을 일으키기나 하겠습니까?"

부처님께서 수보리에게 말씀하셨다.

"그런 말을 하지 말라. 여래가 멸도한 뒤 후 오백세에도 능히 계를 지키고 복을 닦는 이가 있어서 이같은 글귀에 능히 신심을 내어 이것을 진실하게 여길것이다. 마땅히 알라. 이 사람은 한 부처님이나 두 부처님, 셋 넷 다섯 부처님께만 선근을 심은 것이 아니라, 이미 한량없는 천만 부처님께 수많은 선근을 심어 놓았으므로 이 글귀를 듣고 한 생각에 청정한 믿음을 낼 것이다.

수보리야. 여래는 다 알고 다 보나니, 이 모든 중생들이 이와 같은 한량없는 복덕을 얻을 것이다. 왜냐하면, 이 모든 중생들에게는 아상·인상·중생상·수자상이 없으며, 법이라는 상도 없고, 법이 아니라는 상도 없기 때문이다. 또한 상도 없고, 상 아님도 없기 때문이다.

무슨 까닭이겠는가. 이 모든 중생들이 만약 마음에 어떤 상을 취하면 곧 아상·인상·중생상·수자상에 집착하는 것이 된다. 왜냐하면, 만약 법의 상을 취하더라도 아상·인상·중생상·수자상에 집착하는 것이고, 법이 아니라는 상을 취하더라도 아상·인상·중생상·수자상에 집착하는 것이기 때문이다.

그러므로 마땅히 법에도 집착하지 말고, 법 아닌 것에도 집착하지 말아야 한다. 이러한 뜻에서 여래는 항상 말하기를 '너희 비구들은 나의 법문이 뗏목의 비유와 같음을 알라'고 했으니, 법도 오히려 놓아버려야 하거늘 하물며 법 아님에 있어서 이겠는가."

제7분 얻을 것도 없고 설할 것도 없다

"수보리야, 너희 생각은 어떠하냐? 여래가 아뇩다라삼먁삼보리를 얻었느냐? 여래가 설한 바 법이 있느냐?"

수보리가 사뢰었다.

"제가 부처님 말씀을 이해하기로는 아뇩다라삼먁삼보리라고 할만한 정해진 법이 없으며, 또한 여래께서 설하셨다고 할 고정된 법도 없습니다. 왜냐하면 여래께서 설하신 법은 다 취할 수도 없고, 말할 수도 없으며, 법도 아니며 법 아니도 아니기 때문입니다. 그 까닭은 모든 현인과 성인은 무위법으로써 차별을 두기 때문입니다.

제8분 이 법에 의해 모든 가르침이 나온다

"수보리야, 너의 생각은 어떠하냐? 만약 어떤 사람이 삼천대천세계에 가득한 칠보로써 널리 보시하면 이 사람이 얻는 복덕이 얼마나 많겠느냐?"

수보리가 사뢰었다.

"매우 많습니다. 세존이시여, 왜냐하면 이 복덕은 곧 복덕성이 아니므로 여래께서 복덕이 많다고 말씀하신 것입니다."

"만일 어떤 사람이 이 경 가운데 사구게 만이라도 받아지녀 남을 위해 설한다면 그 복덕이 보시한 복덕보다 더수승하다. 왜냐하면 수보리야, 일체 모든 부처님과 모든 부처님의 아뇩다라삼먁삼보리법이 다 이 경으로부터 나왔기 때문이다. 수보리야, 이른바 불법이란 곧 불법이 아니다. 그러므로 불법이라고 말하는 것이다.

제9분 깨달음이란 상도 없다

"수보리야, 너는 어떻게 생각하느냐? 수다원이 생각하기를 '내가 수다원과를 얻었노라' 하겠느냐?"

수보리가 사뢰었다.

"아닙니다. 세존이시여, 왜냐하면 수다원은 이름이 '흐름에 든 자'를 말하오나 실은 들어간 바가 없습니다. 그는 형상에 들지 않았으며, 소리, 냄새, 맛, 감촉, 마음의 대상에 든 것도 아니기에 수다원이라 이름합니다."

"수보리야, 너는 어떻게 생각하느냐? 사다함이 생각하기를 '내가 사다함과를 얻었노라' 하겠느냐?"

수보리가 사뢰었다.

"아닙니다. 세존이시여, 왜냐하면 사다함은 이름이 '한 번 갔다 오는 자'를 말하오나 실은 가고 온다는 생각이 없기에 이름하여 사다함이라 하였을 뿐입니다."

"수보리야, 너는 어떻게 생각하느냐? 아나함이 생각하기를 '내가 아나함과를 얻었노라' 하겠느냐?"

수보리가 사뢰었다.

"아닙니다. 세존이시여, 왜냐하면 아나함은 이름이 '돌아오지 않는 자'를 말하오나 실은 돌아오지 않는다는 생각이 없기에 이름하여 아나함이라 하였을 뿐입니다."

"수보리야, 너는 어떻게 생각하느냐? 아라한이 생각하기를 '내가 아라한도를 얻었노라' 하겠느냐?"

수보리가 사뢰었다.

"아닙니다. 세존이시여, 왜냐하면 진리라고 할 것이 없음을 이름하여 아라한이라 하였기 때문입니다. 세존이시여, 만일 아라한이 생각하기를 '내가 아라한도를 얻었노라' 하면 이는 곧 아상 인상 중생상 수자상에 집착함이 되는 것입니다.

세존이시여, 부처님께서 저를 무쟁삼매를 얻은 사람 가운데 제일이며, 욕심을 여읜 제일의 아라한이라고 말씀하셨으나 세존이시여, 저는 '나는 욕심을 여읜 아라한이다'라는 생각이 없습니다.

세존이시여, 제가 만약 '내가 아라한도를 얻었다'고 생각한다면 세존께서는 '수보리는 아란나행을 즐기는 자'라고 말씀하지 않으셨을 것이지만 실로 아란나행을 한다는 생각이 없기 때문에 '수보리는 아란나행을 즐긴다'고 이르신 것입니다.

제10분 정토를 장엄하다

부처님께서 수보리에게 말씀하셨다.

"수보리야, 너는 어떻게 생각하느냐? 여래가 옛적에 연등 부처님 처소에서 법을 얻은 바가 있느냐?"

"아닙니다. 세존이시여, 여래께서 연등 부처님 처소에 계실 적에 어떤 법도 얻으신 바가 없습니다."

"수보리야, 너는 어떻게 생각하느냐? 보살이 불국토를 장엄하느냐?"

"아닙니다. 세존이시여, 왜냐하면 불국토를 장엄한다는 것은 곧 장엄이 아니라 그 이름이 장엄이기 때문입니다."

"그러므로 수보리야, 모든 보살마하살은 마땅히 이와 같이 청정한 마음을 낼지니, 마땅히 형상에 머물지 말고 마음을 낼 것이며, 마땅히 소리와 냄새, 맛, 감촉, 대상에 머물지 말고 마음을 낼지니라. 마땅히 머무는 바 없이 그 마음을 내어라.

수보리야, 비유하건대 마치 어떤 사람의 몸이 수미산만 하다면 네 생각은 어떠한가? 그 몸을 크다고 하겠느냐?"

수보리가 사뢰었다.

"매우 큽니다. 세존이시여, 왜냐하면 부처님께서는 몸 아닌 것을 이름하여 큰 몸이라 하셨기 때문입니다."

제11분 무위의 복은 수승하다

"수보리야, 항하에 있는 모래 수만큼 많은 항하가 있다면 네 생각은 어떠하냐? 그 모든 항하의 모래가 얼마나 많겠느냐?"

수보리가 사뢰었다.

"매우 많습니다. 세존이시여, 모든 항하의 수만 하여도 셀수 없이 많겠거늘 하물며 그 모래이겠습니까"

"수보리야, 내가 이제 진실한 말로 너에게 이르노니, 만약 어떤 선남자 선녀인이 칠보로써 저 항하강 모래 수만큼 많은 삼천대천세계를 가득 채워서 보시한다면 그가 얻는 복덕이 많겠느냐?"

수보리가 사뢰었다.

"매우 많습니다. 세존이시여,"

부처님께서 수보리에게 말씀하셨다.

"만약 선남자 선녀인이 이 경 가운데서 사구게 하나만이라도 받아 지녀 남을 위해 설해 준다면 이 복덕이 앞에서 말한 복덕보다 더 뛰어나리라."

제12분 바른 법을 존중하라

"또한 수보리야, 이 경이나 내지 이 경의 사구게 하나만이라도 설한다면 마땅히 알라. 이 곳은 일체세간의 천인과 사람과 아수라가 마땅히 공양하기를 부처님의 탑묘와 같이 할 것이다. 하물며 사람이 이 경을 받아 지니고 독송함에 있어서이겠는가.

수보리야, 마땅히 알라. 그러한 사람은 최상의 제일가는 희유한 진리를 성취한 것이다. 이 경전이 있는 곳은 부처님이나 존경받는 부처님의 제자가 있는 것과 같으니라."

제13분 여법하게 받아지니라.

그 때 수보리가 부처님께 사뢰었다.

"세존이시여, 마땅히 이 경을 무엇이라 이름하오며, 저희들이 어떻게 받아 지니면 되겠습니까?"

부처님께서 수보리에게 말씀하셨다.

"이 경의 이름은 금강반야바라밀이니 마땅히 이 이름대로 받아지니라. 그 까닭은 무엇인가. 수보리야, 여래가 설한 반야바라밀은 곧 반야바라밀이 아니라 그 이름이 반야바라밀이기 때문이다. 수보리야, 너는 어떻게 생각하느냐? 여래가 진리를 설한 바가 있느냐?"

수보리가 부처님께 사뢰었다.

"세존이시여, 여래께서는 설하신 바가 없습니다."

"수보리야, 너는 어떻게 생각하느냐? 삼천대천세계에 있는 모든 미진(微塵)을 많다고 하겠느냐"

수보리가 사뢰었다.

"아주 많사옵니다. 세존이시여"

"수보리야, 이 모든 미진을 여래는 미진이 아니라고 말하느니 이것은 이름이 미진일 뿐이다. 여래가 말하는 세계 또한 그것이 세계가 아니고 그 이름이 세계일 뿐이다. 수보리야, 너는 어떻게 생각하느냐? 32상으로써 여래를 볼 수 있겠느냐?"

"아닙니다. 세존이시여, 가히 32상으로써 여래를 볼 수 없습니다. 왜냐하면 여래께서 말씀하신 32상이란 곧 상이 아니라 그 이름이 32상이기 때문입니다."

"수보리야, 만약 어떤 선남자 선여인이 항하의 모래 수와 같은 목숨을 바쳐 보시했다 할지라도 만약 어떤 사람이 있어 이 경의 사구게 하나만이라도 받아 지녀 남을 위해 설해 준다면 그 복이 더 많으니라."

  제14분 상을 떠나면 적멸이다

  그 때 수보리가 이 경의 말씀을 듣고 그 뜻을 깊이 깨달아 눈물을 흘리면서 부처님께 사뢰었다.

  "희유하시옵니다. 세존이시여, 부처님께서 말씀하신 이렇게 깊고 깊은 경전은 제가 예로부터 얻은 바 혜안(慧眼)으로는 일찍이 얻어 듣지 못한 경전입니다.

  세존이시여, 만일 어떤 사람이 이 경을 얻어 듣고 믿는 마음이 청정해지면 곧 실상(實相)을 깨달을 것이니 이 사람은 마땅히 제일의 희유한 공덕을 성취한 것임을 알겠습니다. 세존이시여, 이 실상이라는 것은 곧 상이 아니기 때문에 여래께서는 실상이라고 이름하셨습니다.

  세존이시여, 제가 이제 이 같은 경전을 듣고 믿어 이해하고 받아 지니는 것은 어렵지 않사오나, 만일 오는 세상 후 오백 세에 어떤 중생이 이 경을 듣고서 믿어 이해하고 받아 지닌다면 이 사람이야말로 제일 희유한 사람이라 할 것입니다. 왜냐하면 그 사람은 아상이 없으며 인상도 없고, 중생상과 수자상 또한 없기 때문입니다. 그 까닭은 아상은 곧 상이 아니며, 인상·중생상·수자상도 곧 상이 아니기 때문이니, 왜냐하면 일체 모든 상을 떠난 것을 부처님이라 이름하기 때문입니다."

부처님께서 수보리에게 말씀하셨다.

"그러하고 그러하다. 만일 다시 어떤 사람이 이 경을 듣고 놀라지 않고 겁내지 않으며 두려워하지 않으면, 마땅히 알라, 이 사람이야말로 참으로 희유한 사람이 될 것이다. 왜냐하면 수보리야, 여래가 말한 제일바라밀은 곧 제일바라밀이 아니라 그 이름이 제일바라밀일 뿐이기 때문이다.

수보리야, 여래는 인욕바라밀도 인욕바라밀이 아니라고 말하나니 그 이름이 인욕바라밀일 뿐이다. 왜냐하면 수보리야, 내가 옛날 가리왕에게 몸을 베이고 잘림을 당했을 적에 내게는 아상이 없었고, 인상도 없었으며, 중생상과 수자상도 없었다. 만약에 내가 옛적에 사지를 마디마디 베이고 잘렸을 때 만일 아상·인상·중생상·수자상이 있었으면 응당 성내고 원망하는 마음을 내었을 것이다.

수보리야, 또 여래가 과거에 오백 생애 동안 인욕 성인이 되었을 때를 기억해 보더라도 아상이 없었고, 인상도 없었으며, 중생상도 수자상도 없었다.

그러므로 수보리야, 보살은 마땅히 일체의 상을 떠나서 아뇩다라삼먁삼보리의 마음을 일으킬지니, 마땅히 색에 머물러 마음을 내지 말며, 성향미촉법에 머물러 마음을 내지 말고, 법에 머무는 마음을 내지 말며, 비법에 머무는 마음도 내지 말아야 하니, 마땅히 머무는 바 없이 그 마음을 내어야 한다. 마음에 머무름이 있다는 것도 즉 머무름 아님이 된다.

그러므로 여래는 '보살은 응당히 색에 머물러 보시하지 않는다'고 설했던 것이다. 수보리야, 보살은 일체 중생을 이익되게 하기 위하여 응당 이와 같이 보시한다. 여래는 일체의 모든 상도 곧 상이 아니며, 또한 일체 중생도 곧 중생이 아니라고 설한다.

수보리야, 여래는 참다운 말을 하는 이고, 실다운 말을 하는 이며, 여법한 말을 하는 이고, 거짓말을 하지 않는 이며, 다른 말을 하지 않는 이다.

수보리야, 여래가 얻은 바 진리는 실다움도 없고 헛됨도 없다.

수보리야, 만약 보살이 마음이 어떤 법에 머물러 보시하면 마치 사람이 어두운 데 들어가면 아무것도 볼 수 없는 것과 같고, 만약 보살의 마음이 어떤 법에 머물지 않고 보시하면 마치 사람이 햇빛이 비침에 밝은 눈으로 가지가지 사물을 보는 것과 같다.

수보리야, 다음 세상에서 만약 어떤 선남자 선여인이 능히 이 경을 받아 지녀 읽고 외우면, 여래는 부처의 지혜로써 이 사람을 다 알며 이 사람을 다 보나니, 헤아릴 수 없고 가없는 공덕을 성취하게 될 것이다.

제15분 경을 지니는 공덕

"수보리야, 어떤 선남자 선여인이 아침에 항하강 모래알 수만큼의 몸으로 보시하고, 낮에 다시 항하강 모래알 수만큼의 몸으로 보시하며, 저녁에 또한 항하강 모래알 수만큼의 몸으로 보시하여, 이와 같이 백천만억 겁 동안 몸으로써 보시하더라도, 어떤 사람이 이 경전을 듣고 진심으로 믿어 거스르지 아니하면 그 복이 앞의 것보다 수승할진대, 하물며 이 경을 사경하고 수지독송하며 남을 위해 자세히 설명해 준다면 그 복은 얼마나 크겠느냐.

수보리야, 한 마디로 말하면 이 경에는 생각할 수도 없고, 헤아릴 수도 없는 가없는 공덕이 있으니, 여래는 대승을 발한 이를 위해 이 경을 설한 것이며, 최상승을 발한 이를 위해 이 경을 설한 것이다.

만약 어떤 사람이 능히 수지독송하여 널리 남을 위해 설한다면 여래는 이 사람을 다 알고 이 사람을 다 볼 것이니, 모두가 헤아릴 수 없고 말할 수 없으며 가이 없고 생각할 수도 없는 공덕을 성취하게 될 것이다. 이와 같은 사람들은 곧 여래의 아뇩다라삼먁삼보리를 짊어진 것과 같다.

왜냐하면 수보리야, 만약 소소한 법을 즐기는 자는 아견 인견 중생견 수자견에 집착하는 것이므로 이 경을 능히 알 아듣고 독송하며 남을 위해 설명하지 못할 것이기 때문이다.

수보리야, 어떤 곳이든 이 경이 있으면 일체 세간의 하늘과 사람과 아수라가 응당 공양하리니 마땅히 알라. 이 곳은 곧 탑을 모신 곳 처럼 여겨질 것이니 모두가 기꺼이 공경하고 절하며 에워싸고 돌면서 가지가지 꽃과 향을 그 곳에 뿌릴 것이다."

제16분 업장을 깨끗이 맑힘

"또 수보리야, 선남자 선녀인이 이 경을 수지독송하는데도 만일 다른 사람에게 업신여김을 당한다면 그 이유는 응당히 악도에 떨어질 만한 전생의 죄업 때문일 것이다. 그러나 이제 이렇게 사람들로부터 업신여김을 당했기 때문에 전생의 죄업은 곧 소멸될 것이고, 따라서 마땅히 아뇩다라삼먁삼보리를 얻을 것이다.

수보리야, 내가 과거 무량 아승지 겁 전의 과거를 생각해 보니 연등부처님 뵙기 전에도 팔만 사천만억 나유타 수의 여러 부처님을 만나 뵙고 모두 다 공양하고 받들어 섬기어 헛되이 지냄이 없었다. 만일 어떤 사람이 앞으로 오는 말세에 능히 이 경을 수지독송하면 그가 얻는 공덕은 내가 여러 부처님께 공양한 공덕으로는 백분의 일도 미치지 못하며 천만억분과 내지 어떤 산술적 비유로도 능히 미치지 못할 것이다.

수보리야, 만일 선남자 선녀인이 앞으로 오는 말세에 이 경을 수지독송하여 얻는 공덕을 내가 다 말한다면 어떤 사람은 그 말을 듣고 마음이 몹시 혼란하여 의심하고 믿지 않을 것이다. 수보리야, 마땅히 알라. 이 경은 뜻도 가히 헤아릴 수 없으며, 과보도 또한 가히 헤아릴 수 없다.

제17분 구경에 내가 사라지다

그 때 수보리가 부처님께 사뢰었다.

"세존이시여, 아뇩다라삼먁삼보리를 발한 선남자와 선녀인들은 그 마음을 어떻게 머물러야 하고, 어떻게 수행해 나가야 하며, 어떻게 그 마음을 다스려야 합니까?"

부처님께서 수보리에게 말씀하셨다.

"만약 선남자 선여인으로서 아뇩다라삼먁삼보리심을 일으켰다면 마땅히 다음과 같이 마음을 내라. '내가 마땅히 일체 중생을 멸도에 들게 하리라. 그러나 이렇게 일체 중생을 다 멸도에 들게 하였지만 실로 한 중생도 제도한 바가 없다'라고. 왜냐하면 수보리야, 만약 보살이 아상, 인상, 중생상, 수자상이 있으면 곧 보살이 아니기 때문이다. 또한 수보리야, 그 까닭은 아뇩다라삼먁삼보리를 일으킬 어떤 한 법도 있지 않기 때문이다.

수보리야, 너는 어떻게 생각하느냐? 여래가 연등 부처님 처소에서 아뇩다라삼먁삼보리를 얻었다고 할 만한 어떤 법이 있느냐?"

"아닙니다. 세존이시여, 제가 부처님 말씀의 뜻을 이해하기에는 부처님께서 연등부처님 처소에서 아뇩다라삼먁삼보리를 얻었다고 할 만한 어떤 법도 없습니다."

부처님께서 말씀하셨다.

"그렇다 그렇다 수보리여, 실로 아뇩다라삼먁삼보리를 얻었다고 할 만한 어떤 법도 있지 않다. 수보리야, 만약 어떤 법이 있어서 여래가 아뇩다라삼먁삼보리를 얻은 것이라면 연등 부처님께서 나에게 수기하시기를 '네가 다음 세상에 마땅히 부처를 이루어 석가모니라 하리라'고 하시지 않으셨을 것이지만, 실로 어떤 법이 있지 않은 경계에서 아뇩다라삼먁삼보리를 얻었기에 연등부처님께서 나에게 '네가 다음 세상에 마땅히 부처를 이루어 석가모니라 하리라'고 수기하셨느니라. 왜냐하면 여래라 함은 모든 법에 여여하다는 뜻이기 때문이다.

만일 어떤 사람이 '여래가 아뇩다라삼먁삼보리를 얻었다'고 한다면 수보리야, [그는 거짓을 말하는 것이며, 사실이 아닌 것에 집착하여 나를 비방하는 것과 같다. 왜냐하면] 여래가 아뇩다라삼먁삼보리를 깨달았다고 할 그 어떤 법도 없기 때문이다. 수보리야, 여래가 얻은 바 아뇩다라삼먁삼보리는 실다움도 없고 헛됨도 없다. 그러므로 여래는 '일체법이 다 불법'이라고 설한 것이다. 수보리야, 이른바 일체법이라 함은 곧 일체법이 아니니, 그 까닭에 이름이 일체 법인 것이다. 수보리야, 예컨대 몸집이 아주 큰 사람의 비유와 같다."

수보리가 사뢰었다.

"세존이시여, 여래께서 말씀하신 사람의 몸이 아주 크다는 것도 실은 큰 몸이 아니라 그 이름이 큰 몸일 뿐입니다."

"수보리야, 보살도 또한 이와 같아서 만약 '내가 마땅히 한량없는 중생을 멸도에 들게 했다'고 한다면 이는 보살이라 이름할 수 없다. 왜냐하면 수보리야, 실로 어떤 법에도 집착하지 않는 이를 보살이라 이름하기 때문이다. 그러므로 여래는 '일체법은 아도 인도 중생도 수자도 없다'고 한 것이다.

수보리야, 만일 보살이 '내가 마땅히 불국토를 장엄하리라'고 한다면 이는 보살이라 할 수 없다. 왜냐하면 여래가 설한 불국토의 장엄은 곧 장엄이 아니라 그 이름이 장엄이기 때문이다.

수보리야, 만일 어떤 보살이 무아의 법에 통달하였다면 여래는 이 사람을 진실로 보살이라고 부를 것이다."

제18분 일체를 하나로 관하라

"수보리야, 너는 어떻게 생각하느냐? 여래에게 육안(肉眼)이 있느냐?"

"그렇습니다. 세존이시여. 여래께는 육안이 있습니다."

"수보리야, 너는 어떻게 생각하느냐? 여래에게 천안(天眼)이 있느냐?"

"그렇습니다. 세존이시여. 여래께는 천안이 있습니다."

"수보리야, 너는 어떻게 생각하느냐? 여래에게 혜안(慧眼)이 있느냐?"

"그렇습니다. 세존이시여. 여래께는 혜안이 있습니다."

"수보리야, 너는 어떻게 생각하느냐? 여래에게 법안(法眼)이 있느냐?"

"그렇습니다. 세존이시여. 여래께는 법안이 있습니다."

"수보리야, 너는 어떻게 생각하느냐? 여래에게 불안(佛眼)이 있느냐?"

"그렇습니다. 세존이시여. 여래께는 불안이 있습니다."

"수보리야, 너는 어떻게 생각하느냐? 저 항하 가운데 있는 모래에 대해 여래가 말한 적이 있느냐?"

"그렇습니다. 세존이시여. 여래는 항하의 모래에 대해 말

쓱하신 적이 있습니다."

"수보리야, 너는 어떻게 생각하느냐? 저 하나의 항하 가운데 있는 모래의 수만큼 많은 항하가 있고, 그 모든 항하의 모래 수만큼의 부처님 세계가 있다면 그 세계를 얼마나 많다 하겠느냐?"

"매우 많습니다. 세존이시여."

부처님께서 수보리에게 말씀하셨다.

"저 많은 국토 가운데 있는 모든 중생의 갖가지 마음을 여래는 다 아느니라. 왜냐하면 여래가 말하는 모든 마음은 마음이 아니라 그 이름이 마음이기 때문이다. 그 까닭은 수보리야, 과거의 마음도 가히 얻을 수 없고, 현재의 마음도 가히 얻을 수 없으며, 미래의 마음도 가히 얻을 수 없기 때문이다."

제19분 법계를 모두 교화하다

"수보리야, 너는 어떻게 생각하느냐? 만약 어떤 사람이 삼천 대천 세계에 가득 찬 칠보로써 널리 보시한다면 그 사람은 그 인연으로 많은 복을 얻겠느냐?"

"그렇습니다. 세존이시여. 그 사람은 그 인연으로 아주 많은 복을 얻을 것입니다."

"수보리야, 만약 복덕이 진실로 있는 것이라면 여래가 복덕을 많이 얻는다고 말하지 않을 것이지만, 복덕이 본래 없는 것이므로 여래가 많은 복덕을 얻는다고 말한 것이다."

제20분 형상과 모습을 여의다

"수보리야, 너는 어떻게 생각하느냐? 구족한 몸을 갖춘 것만을 보고 부처라고 할 수 있겠느냐?"

"아닙니다. 세존이시여. 구족한 몸을 갖추었다고 여래라고 할 수는 없습니다. 왜냐하면 여래께서 말씀하시는 구족한 몸은 곧 구족한 몸이 아니라 그 이름이 구족한 몸이기 때문입니다."

"수보리야, 너는 어떻게 생각하느냐? 가히 구족한 [32상] 상을 가졌다고 하여 여래라 할 수 있겠느냐?"

"아닙니다. 세존이시여. 구족한 상을 갖춘 것을 여래라 볼 수는 없습니다. 왜냐하면 여래께서 말씀하시는 모든 상이 구족되었다는 것은 곧 구족된 것이 아니라 그 이름이 구족된 상일 따름이기 때문입니다."

제21분 설함 없이 설하다

"수보리야, 너는 어떻게 생각하느냐? 여래가 '내가 법을 설했다'는 생각을 내겠느냐?"

"그렇지 않습니다. 세존이시여. 여래께서는 '내가 법을 설했다'는 그런 생각을 내시지 않습니다."

"만일 어떤 사람이 '여래가 법을 설했다'고 한다면 이는 곧 여래를 비방하는 것이며, 내가 설한 바를 알지 못하는 것이다. 수보리야, 법을 설한다고 하지만 법을 설한다고 할 만한 그 어떤 법도 없기 때문에 다만 이름하여 법을 설한다고 하는 것이다."

그 때 혜명 수보리가 부처님께 사뢰었다.

"세존이시여, 어떤 중생이 있어서 다음 세상에 이 진리의 말씀을 듣고 믿는 마음을 내겠습니까?"

부처님께서 말씀하셨다.

"수보리야, 그들은 중생이 아니고 중생이 아닌 것도 아니다. 왜냐하면 수보리야, 중생 중생이라 하는 것은 곧 중생이 아니라 이름이 중생이기 때문이다."

제22분 얻을 법이 없다

수보리가 부처님께 사뢰었다.

"세존이시여, 부처님께서 아뇩다라삼먁삼보리를 얻으셨다는 것은 곧 얻으신 바가 없음을 말하는 것입니까?"

부처님께서 말씀하셨다.

"그러하고 그러하다. 수보리야. 아뇩다라삼먁삼보리에 대해 나는 그 어떤 작은 법도 얻은 것이 없으므로 아뇩다라삼먁삼보리라 이름할 수 있는 것이다."

제23분 마음 집중의 수행으로 보리를 얻으라

"또 수보리야, 이 법은 평등하여 높고 낮은 차별이 없으므로 이름하여 아뇩다라삼먁삼보리라 한다. 아도 없고 인도 없고 중생도 없고 수자도 없이 일체의 선한 법을 닦으면 곧 아뇩다라삼먁삼보리를 얻을 것이다. 수보리야, 이른바 선한 법이란 여래가 선한 법이 아니라고 설했으니 그 이름이 선한 법일 뿐이다."

제24분 복과 지혜를 비교할 수 없다

"수보리야, 만약 어떤 사람이 삼천 대천 세계에서 제일 큰 산인 수미산왕만한 칠보들을 가지고 널리 보시한다 하더라도, 만약 다른 사람이 이 반야바라밀경이나 이 경의 네 글귀로 된 한 게송만이라도 받아 지녀 읽고 외우고 남을 위해 설해 준다면, 이 복덕에 비하여 앞의 복덕은 백분의 일에도 미치지 못하고, 백천만억분의 일 또는 그 어떤 산술적 비교로도 능히 미치지 못할 것이다."

제25분 교화하는 바 없이 교화하다

"수보리야, 너는 어떻게 생각하느냐? 여래가 '내가 마땅히 중생을 제도한다'는 생각을 하겠느냐? 참으로 그런 생각을 하지 말라. 왜냐하면 실로 여래가 제도할 중생이 없기 때문이다. 만일 여래가 제도할 어떤 중생이 있다면 여래는 곧 아 인 중생 수자가 있는 것이다. 수보리야, 여래가 설한 '내가 있다'는 것은 곧 '내가 있음이 아님'을 말하는 것이지만 범부들은 '내가 있다'고 여긴다. 수보리야, 범부라는 말도 여래는 곧 범부가 아님을 말한 것이니 이름하여 범부라 한 것이다."

제26분 법신은 상이 아니다

"수보리야, 너는 어떻게 생각하느냐? 가히 32상을 구족한 것을 여래라고 볼 수 있느냐?"

수보리가 사뢰었다.

"그렇지 않습니다. 세존이시여. 제가 세존의 설하신 뜻을 아는 바로는 32상을 구족한 것을 여래라고 보아서는 안 됩니다."

부처님께서 말씀하셨다.

"그렇고 그렇다. 수보리여, 참으로 그러하다. 32상을 구족했기 때문에 여래라고 보아서는 안 된다. 왜냐하면 수보리여, 만일 32상을 구족했기 때문에 여래라고 보아야 한다면 전륜성왕도 역시 여래라고 해야 할 것이기 때문이다. 그러므로 상을 구족했기 때문에 여래라고 보아서는 안 된다."

수보리 존자가 세존께 사뢰었다.

"제가 세존의 설하신 뜻을 깊이 아는 바로는 상을 구족했기 때문에 여래라고 봐서는 안 됩니다."

그러자 세존께서 게송을 읊으셨다.

"만일 형상으로 나를 보려 하거나

음성으로 나를 찾는다면

이 사람은 삿된 도를 행하는 것이니

능히 여래를 보지 못하리라."

"법으로 여래를 보아야 한다.
참된 여래는 법을 몸으로 하기 때문이다.
그러나 법의 본성은 분별로 알아지지 않나니
그것은 분별해 알 수 없기 때문이다."

제27분 단멸함이 없다

"수보리야, 네가 만약 생각하기를 '여래가 구족한 상을 갖추었기 때문에 아뇩다라삼먁삼보리를 얻었다' 하겠느냐? 수보리야, 그런 생각을 하지 말라. 여래는 구족한 상을 갖추었기 때문에 아뇩다라삼먁삼보리를 얻은 것이 아니다. 또한 수보리야, 네가 만약 생각하기를, '아뇩다라삼먁삼보리심을 일으킨 이는 모든 법의 단멸을 인정한다'고 하겠느냐? 이런 생각을 하지 말라. 왜냐하면 아뇩다라삼먁삼보리심을 일으킨 이는 어떤 법의 단멸도 인정하지 않기 때문이다."

제28분 받지도 않고 탐내지도 않는다

"수보리야, 만일 보살이 항하의 모래수 만큼의 세계에 가득찬 칠보를 가지고 보시했다 하더라도, 만일 다시 어떤 사람이 일체 법이 무아(無我)이고 무생(無生)임을 깨달아 얻었다면 이 보살이 얻은 공덕은 앞의 보살이 얻은 공덕보다 뛰어난 것이다. 왜냐하면 수보리야, 모든 보살들은 복덕을 받지 않기 때문이다."

수보리가 부처님께 사뢰었다.

"세존이시여, 어찌하여 보살이 복덕을 받지 않사옵니까?"

"수보리야, 보살은 복덕을 짓더라도 그 복덕을 탐내어 집착하지 않기 때문이니, 그러므로 복을 받지 않는다고 말하는 것이다."

제29분 위의가 적정하다

"수보리야, 만일 어떤 사람이 말하기를 '여래가 온다거나, 간다거나, 앉는다거나, 눕는다'고 하면 이 사람은 내가 말한 뜻을 깊이 알지 못하는 것이다. 왜냐하면 여래는 어디로부터 오는 바도 없고, 또한 어디로 가는 바도 없기 때문에 여래라 이름하는 것이다."

제30분 합쳐진 세계나 부수어진 미진이라는 상을 버리라

"수보리야, 만약 선남자 선녀인이 삼천 대천 세계를 부수어 미진을 만들었다면 네 생각에 어떠하냐? 이 미진들이 얼마나 많겠느냐?"

"매우 많습니다. 세존이시여. 왜냐하면 만약 이 미진들이 실제로 있는 것이라면 부처님께서는 미진이라고 말씀하지 않으셨을 것이기 때문입니다. 왜냐하면 부처님께서 말씀하시는 미진들은 곧 미진들이 아니라 그 이름이 미진들일 따름이기 때문입니다. 세존이시여, 여래께서 말씀하신 삼천 대천 세계도 곧 세계가 아니라 그 이름이 세계일 뿐입니다. 왜냐하면 만약 세계가 실제로 있는 것이라면 그것은 곧 하나의 합쳐진 모양이어야 할 것이오나, 여래께서 말씀하시는 하나의 합쳐진 모양도 실은 하나의 합쳐진 모양이 아니라 그 이름이 하나의 합쳐진 모양일 따름이기 때문입니다."

"수보리야, 하나의 합쳐진 모양이라 하는 것은, 말로 표현할 수 없으며, 그것은 법이 아니고 법 아님도 아니다. 다만 범부 중생들이 그것에 집착할 뿐인 것이다."

제31분 지견을 내세우지 말라

"수보리야, 만약 어떤 사람이 말하기를, 여래가 아견과 인견과 중생견과 수자견을 말했다고 한다면 수보리야, 너는 어떻게 생각하느냐? 그 사람이 내가 말한 진리를 바로 아는 것이겠느냐?"

"아닙니다. 세존이시여. 그 사람은 여래께서 말씀하신 진리를 알지 못하는 것이옵니다. 왜냐하면 세존께서 말씀하신 아견과 인견과 중생견과 수자견은 곧 아견과 인견과 중생견과 수자견이 아니라 그 이름이 아견, 인견, 중생견, 수자견일 뿐이기 때문입니다."

"수보리야, 아뇩다라삼먁삼보리심을 일으킨 자는 일체법을 응당 이와 같이 알고, 이와 같이 보며 이와 같이 믿고 깨달아서 법상을 내지 말아야 한다. 수보리야, 지금 말한 바 법상도 여래가 법상이 아니라고 설했으니 그 이름이 법상일 뿐이다."

제32분 응화신은 참이 아니다

"수보리야, 만약 어떤 사람이 한량없는 아승지 세계에 가득 찬 칠보로써 널리 보시했더라도, 만약 선남자 선녀인으로서 보살심을 일으킨 이가 이 경이나 이 경의 네 글귀로 된 게송만이라도 받아 지녀 읽고 외워서 다른 이를 위해 전해 준다면 그 복이 더욱 뛰어날 것이다. 어떻게 남을 위해 전할 것인가? 가르침을 전하되 전한다는 생각과 상에 집착하지 말고 전하며, 여여하고 부동하게 하라.

그 까닭은 이러하다."

현상계의 모든 법은
꿈과 같고, 환영과 같고, 물거품과 같고, 그림자와 같으며,
또한 이슬 같고, 번개와도 같으니
마땅히 이와 같이 관할지니라.

부처님께서 이 경을 다 설하여 마치시자 장로 수보리와 비구 비구니와 우바새 우바이와 일체 세간의 하늘과 인간과 아수라 등이 부처님 말씀을 듣고 모두 크게 기뻐하여 믿고 받들어 행하였다.

불교경전 독송선집10)

정구업진언 『수리수리 마하수리 수수리 사바하』(3번)
오방내외안위제신진언 『나무 사만다 못다남 옴 도로 도로
지미 사바하』
개경게 무상심심미묘법 백천만겁난조우 아금문견득수지 원
해여래진실의
개법장진언 『옴 아라남 아라다』(3번)

대지는 깨끗한 것도 받아들이고 더러운 똥과 오줌도 받아
들인다. 그러면서도 깨끗하다 더럽다는 분별이 없다. 수행
하는 사람도 마음을 대지와 같이 해야 한다. 나쁜 것을 받
거나 좋은 것을 받더라도 조금도 좋아하거나 싫어하는 분별
을 내지 말고 오직 자비로써 중생을 대해야 한다.
『증일아함경』

좋은 도반, 좋은 선지식(善知識), 좋은 사람들에게 둘러싸

---

10) 대소승의 불교 경전에서 도반들에게 도움이 될 만한 경구를 선정하여 모았다. 금강경처
럼 독송하면 된다.

여 있다는 것은 수행의 전부를 완성한 것과 다르지 않다.
『잡아함경』

비구니들이여, 네 가지 법을 갖춘 훌륭한 제자는 '진리의
흐름에 들어간 사람'이며, 그는 더 이상 나쁜 곳에 떨어지
지 않고 깨달음의 길로 결정되어 나아가게 된다. 무엇이 네
가지인가?

첫째 훌륭한 제자는 부처님에 대한 확고한 믿음을 가진다.

둘째, 훌륭한 제자는 가르침에 대해 확고한 믿음을 가진
다. 가르침은 부처님에 의해 잘 설해졌고, 지금 현재 직접
볼 수 있는 것이고, 시간을 초월하며, 와서 보라고 할 만한
것이고, 유익한 것이고, 지혜로운 이들에 의해 직접 체득된
것이다.

셋째, 훌륭한 제자는 승가에 대한 확고한 믿음을 가진다.
부처님과 제자들의 모임인 승가는 훌륭한 길을 수행하며,
정진한 길을 걷고, 진리의 길을 가며, 합당한 길을 닦아 간
다. 이러한 승가는 이 세상에서 그 어느 것과도 비교할 수
없는 공덕의 복밭이다.

넷째, 훌륭한 제자는 계행을 갖춘다. 이 계행은 훌륭한 이

들이 칭찬하는 것으로써 깨어지지 않고, 흠 없고, 얼룩지지 않고, 자유로우며, 지혜로운 자에 의해 찬탄되며, 삼매로 이끄는 것이다.

『상윳따 니까야』

수행을 할 때 좋은 결과와 이익을 가져오도록 하는 한 가지가 있으니, 그것은 호흡을 있는 그대로 관찰하는 것이다. 어떻게 호흡을 있는 그대로 관찰할까?

숲이나, 나무 아래, 빈 집에 가서 가부좌를 하고 앉아 몸을 바로 세우고, 들어오고 나가는 호흡을 있는 그대로 관찰한다. 숨을 길게 들이쉴 때는 '숨을 길게 들이쉰다'고 알아차리고, 숨을 길게 내쉴 때는 '숨을 길게 내쉰다'고 알아차린다.

이와 같이 호흡에 대한 마음챙김을 발전시키고 연마하면 커다란 결과와 이익을 얻는다.

『상윳따 니까야』

소문으로 들었다고 해서, 대대로 전승되어져 내려온다고 해서, '그렇다 하더라'라고 해서, 성전이나 경전에 쓰여 있다고 해서, 논리적이라고 해서, 추론에 의해서, 이유가 적절하다고 해서, 우리가 사색하여 얻은 견해와 일치한다고 해서, 유력한 사람이 한 말이라고 해서, 혹은 이 분은 우리스승이기 때문에 그대로 따르지는 말라.

『앙굿따라 니까야』

그는 나를 욕하고 때렸다.

그는 나를 이기고 내 것을 빼앗았다.

이런 생각을 품는 사람에게 원한은 끝나지 않는다.

원한은 원한으로 갚을 때 결코 가셔지지 않는다.

원한은 자애에 의해서만 가셔지나니

이것은 영원한 진리이다.

『법구경』

좋아하는 사람도 두지 말라.

싫어하는 사람도 두지 말라.

좋아하는 사람은 만나지 못해 괴롭고,

싫어하는 사람은 만나서 괴롭다.

『법구경』

내게는 업보가 닥치지 않겠지 하고

작은 악을 가볍게 여기지 말라.

방울물이 모여서 항아리를 채우나니

작은 악이 쌓여 큰 죄악이 된다.

내게는 업보가 오지 않겠지 하고

작은 선을 가볍게 여기지 말라.

방울물이 모여서 항아리를 채우나니

조금씩 쌓은 선이 큰 산을 이룬다.

『법구경』

지나간 과거에 매달리지도 말고,

아직 오지 않은 미래를 기다리지도 말라.

오직 현재의 한 생각만을 굳게 지켜보아라.

그리하여 지금 할 일을 다음으로 미루지 말고 다만 하라.

참되게 굳은 관찰로 현재를 살아가는 것,

그것이 순간순간을 살아가는 최선의 길이다.

『법구경』

만일 현명하고 잘 협조하며

행실이 올바르고 지혜로운 도반을 얻게 되면,

모든 어려움을 극복할 수 있으리니,

기쁜 마음으로 생각을 가다듬고 그와 함께 가라.

수행자는 참으로 도반 얻는 행복을 기린다.

자기보다 뛰어나거나

동등한 친구와는 가까이 지내야 한다.

그러나 만일 이러한 벗을 얻을 수 없으면

허물을 짓지 말고 무소의 뿔처럼 오직 혼자서 가라.

『숫타니파타』

온갖 점을 치는 일이나

해몽, 관상 보는 일을 완전히 버리고,

길흉화복의 판단을 버린 수행자는

세상에서 바르게 살아갈 것이다.

좋아하는 것이나 좋아하지 않는 것이나 다 버리고

아무것에도 집착하거나 매이지 않고

온갖 속박에서 벗어난다면,

그는 세상에서 바르게 살아갈 것이다.

『숫타니파타』

어떤 교리나 신조에 붙잡혀 있는 사람은
그것만이 최고라고 주장하면서
다른 견해는 열등하다고 헐뜯는다.
성자는 이것 아니면 안 된다는 극단적 견해가 없다.
그에게는 그 어떤 교리나 신조가 주는 위안이
더 이상 필요가 없으며,
그 어떤 교리나 신조에도 사로잡히지 않는다.
『숫타니파타』

자녀가 있는 이는 자녀로 인해 기뻐하고,
소를 가진 이는 소로 인해 기뻐한다.
사람들은 집착으로 기쁨을 삼는다.
그러니 집착할 것이 없는 사람은 기뻐할 것도 없다.
자녀가 있는 이는 자녀로 인해 근심하고,
소를 가진 이는 소 때문에 걱정한다.
사람들이 집착하는 것은 마침내 근심이 된다.
집착할 것 없는 사람은 근심할 것도 없다.

『숫타니파타』

태어나면서부터 천한 사람이 되는 것이 아니며,
태어나면서부터 귀한 사람이 되는 것도 아니다.
그 사람의 행위에 의해서
천한 사람도 되고 귀한 사람도 되는 것이다.
『숫타니파타』

사람들은 흔히 깨끗하고 더러움에 차별을 둔다. 그러나 사
물의 본성은 깨끗한 것도 더러운 것도 없다. 우리 마음이
집착하기 때문에 깨끗한 것을 가까이하고 더러운 것을 멀리
하는 것이다. 그러므로 집착하는 마음, 편견을 떠나면 모든
존재는 깨끗하다.
『반야경』

"세존이시여, 보살마하살이 어떻게 반야바라밀(般若波羅蜜)
을 닦아야 합니까?"
"일체의 정신적, 육체적인 것을 전부 공이라고 관하면 그
것이 반야바라밀을 닦는 것이다."

『반야경』

보적아, 만약 보살이 청정한 국토를 얻으려거든 먼저 그
마음을 청정히 가져야 한다. 그 마음이 청정하면 국토가 청
정해지느니라.

『유마경』

사리불이여, 앉아 있다고 해서 좌선이라 하지는 않습니다.
무릇 좌선이란 삼계에 몸과 마음을 나타내지 않는 것입니
다. 마음이 안에도 머물지 않고 밖에도 머물지 않는 것이
좌선입니다. 번뇌를 끊지 않고 열반에 드는 것이 좌선입니
다. 이처럼 좌선하는 사람이라야 부처님이 인가할 것입니
다.

『유마경』

번뇌의 바다에 들어가지 않으면 일체지의 보물을 얻을 수
없다.

『유마경』

만약 사람들이 과거 현재 미래의 모든 부처를 알고자 하거든 마땅히 법계의 성품을 비추어 볼지니 일체 모든 것은 마음으로 지어졌음이라.

『화엄경』

마음은 화가와 같아서 능히 온갖 세간을 그려내나니 오온이 마음 따라 생기어서 만들어내지 못하는 법이 없네.

『화엄경』

오직 하나의 진실한 법계(一眞法界)가 있을 뿐이다.

『화엄경』

널리 일체 중생을 돌아보니 한 사람도 빠짐없이 부처님의 지혜덕상을 갖췄건만 다만 망상과 집착으로 인해서 증득하지 못할 뿐이다.

『화엄경』

처음 보리심을 낸 보살의 공덕은 삼세의 모든 부처님과 동등하니, 삼세 부처님 경지와 같고, 삼세 부처님 공덕과 같으며, 한 부처님 몸과 무한한 몸이 궁극적으로 같아, 진실한 지혜를 얻을 것이요, 처음 발심할 때 시방의 부처님께서 함께 칭찬하실 것이며, 내지 온갖 세계를 진동하고 성불하심을 나타내 보일 것이다.

『화엄경』

선남자여, 여래의 공덕은 시방에 계시는 일체 모든 부처님께서 셀 수 없는 겁(劫)을 지내면서 계속하여 말씀하시더라도 다 말씀하지 못하느니라. 만약 이러한 공덕을 성취하고자 하거든 마땅히 열 가지 넓고 큰 행원(行願)을 닦아야 하나니 열 가지라 함은 무엇인가?

첫째는 예경제불원(禮敬諸佛願)이라, 모든 부처님께 예배하고 공경하는 것이요, 둘째는 칭찬여래원(稱讚如來願)이라, 모든 부처님을 칭찬 찬탄하는 것이며, 셋째는 광수공양원(廣修供養願)으로, 널리 공양하는 것이며, 넷째는 참회업장원(懺諸業障願)으로, 업장을 참회하는 것이고, 다섯째는 수희공덕원(隨喜功德願)으로, 남의 공덕을 따라 기뻐해 주는 것이고, 여섯째는 청전법륜원(請轉法輪願)으로, 법을 설해주시기를 청하는 것이고, 일곱째는 청불주세원(請佛住世願)으

로, 부처님께서 이 세상에 오래 머무시기를 청하는 것이고,
여덟째는 상수불학원(常隨佛學願)으로 부처님의 수행을 따라
배우고 실천하는 것이며, 아홉째는 항순중생원(恒順衆生願)
으로 항상 중생의 뜻에 따라 수순하는 것이고, 열 번째는
보개회향원(普皆廻向願)으로 지은 일체 모든 공덕을 일체 중
생에게 회향하는 것이니라.
『화엄경』

내 것이라고 집착하는 마음이
갖가지 괴로움을 일으키는 근본이 된다.
온갖 것에 대해 취하려는 생각을 하지 않으면
훗날 마음이 편안하여 마침내 근심이 없어진다.
『화엄경』

사리불이여, 무엇을 부처님은 오직 일대사인연(一大事因緣)
으로 세상에 출현한다고 하는 것인가?
부처님께서는 중생들로 하여금 부처님의 지견을 열어서
(開) 청정함을 얻게 하고자 세상에 출현하시며, 중생들로 하
여금 부처님의 지견을 보여주고자(示) 출현하시고, 중생들로

하여금 부처님의 지견을 깨닫게 하고자(悟) 출현하시며, 중생들로 하여금 부처님의 지견에 들어가게 하고자(入) 세상에 출현하신다. 사리불아 바로 이것 때문에 부처님께서는 일대사인연으로 세상에 나오신다.

『법화경』

눈앞에 보이는 일체 사물이 그대로 본래부터 열반의 모습이다. 불자가 삶 속에서 도를 실천하면 오는 세상에 부처를 이루리라.

『법화경』

어린이들이 소꿉장난으로 나뭇가지나 붓이나 손톱으로 불상을 그린다 해도 이 같은 공덕이 점차 쌓이고 큰 자비심이 갖추어져 결국 이들도 모두 성불하였으며, 보살이 되어 한량없는 중생을 제도하였느니라. 어떤 사람이 절을 한 번 하거나, 합장만 한 번 하거나, 불전에 공양하더라도 최상의 도를 이루고 일체 중생을 제도하게 되느니라. 또 어떤 사람이 산란한 마음으로라도 탑에 들어가서 '나무불(南無佛)'하고 염불 하더라도 모두 다 성불하였느니라. 부처님이 생존

해 계실 때나 열반에 드신 뒤에라도 부처님의 법문을 들은 이들은 모두 다 이미 성불하였느니라.

『법화경』

너희는 삼계의 불난 집에 머무르기를 즐기지 말라. 쓰레기 같은 색성향미촉을 탐내지 말라. 만약 탐내고 사랑하는 마음을 내어 집착하면 그 불에 타고 말리라. 그러나 너희가 속히 삼계에서 나오면 마땅히 깨달음을 얻으리라. 내가 이제 너희를 위하여 이 일을 책임지고 보증하노라. 결코 헛되지 아니하리니, 너희는 다만 부지런히 공부하라.

『법화경』

비유컨대 비록 바닷물이라도 억겁의 세월 동안 퍼낸다면 그 안에 든 진귀한 보배를 얻을 수 있듯이, 만약 사람이 정진하여 도를 구하면 마땅히 원하는 결과를 얻고 말 것이니, 어떤 것이든 발원하면 성취된다.

『무량수경』

내가 설하는 진아(眞我)는 바로 불성이다. '나'란 곧 여래장이며, 일체 중생에게 불성이 있다는 것이 바로 참나다. 다만 이 참나는 많은 번뇌에 둘러싸여 있어 자신이 스스로 보지 못할 뿐이다. 마치 가난한 여인이 자기 집 창고에 황금보배가 있음을 알지 못하는 것과 같다.

『열반경』

일체 중생이 모두 불성이 있어 본래 부처인 것이나, 집착에 의하여 모든 속박과 번뇌를 받는다. 만일 한 생각 집착을 놓아버리고 본래부처 자리로 돌아갈 때, 곧 모든 부처님과 똑같이 해탈하여 차별이 없게 된다.

『열반경』

선남자여, 깨달은 보살은 생사를 싫어하지도 않고, 열반을 좋아하지도 않으며, 지계(持戒)하는 사람을 공경하지도 않지만 파계(破戒)하는 이를 싫어하지도 않는다. 오래 수행한 이를 존경하지도 않지만, 초심자를 가벼이 여기지도 않는다. 모든 것이 이미 원만히 깨달아 있는 원각(圓覺)이기 때문이다. 중생은 본래 성불해 있는 것이요, 생사와 열반이 지난 밤의 꿈과 같다.

『원각경』

아난아! 이 가깝고 먼데 있는 모든 물질의 성질이 비록 여러 가지로 다르지만 똑같이 너의 청정하게 보는 성품으로 볼 수 있는 것이니, 여러 가지 보이는 사물의 모양은 차별이 있을지언정 그것을 보는 성품은 다름이 없으니, 이 보는 성품의 오묘하고 밝음이 진실로 너의 참된 성품이니라.
『능엄경』

허망한 허깨비 같은 물질이 그 성품은 오묘한 깨달음의 본체이다. 이처럼 오온, 육입, 십이처, 십팔계도 허망하게 생겼다 사라지는 것이지만, 본래는 여래장이어서 밝고 원만하고 참다운 성품이다.
『능엄경』

진실한 이치는 오직 마음뿐 경계는 없느니라. 대혜여, 만약 경계가 환과 같아 자기 마음에서 나타나는 것임을 알면 곧 삼계의 괴로움과 무지와 애욕의 업이 소멸한다. 여래장은 청정상이지만 객진번뇌에 오염되어 부정한 것이 때 묻은

옷 속에 있는 것과 같다.

『능가경』

중생은 어리석어 대상에 집착한다. 과거로부터 쌓아온 습기로 인해 모든 현상이 자기 마음에서 생겨난 것임을 알지 못한다. 의식의 본질을 바로 알아, 모든 현상이 자기 마음에서부터 생겨난 것임을 철저히 깨닫는다면 집착하는 주관과 집착되는 대상의 대립을 떠나 분별이 없는 세계에 이를 수 있다.

『능가경』

달을 가리켜 보이는데 달을 보지 않고 손가락을 보는 것과 같이, 경전의 문자를 볼 뿐 자신의 진실을 보려고 하지 않는다.

『능가경』

승만부인의 십대원은 다음과 같습니다.

첫째, 깨달을 때까지 계율을 범하지 않겠습니다. 둘째, 선배와 스승에게 교만하지 않고 공경하겠습니다. 셋째, 모든 중생에게 성내지 않겠습니다. 넷째, 타인을 질투하거나 소유물을 탐하지 않겠습니다. 다섯째, 마음과 물질에서 인색한 마음을 내지 않겠습니다. 여섯째, 나를 위해 재물 모으지 않고 중생 위해 쓰겠습니다. 일곱째, 중생을 위해 사섭법을 실천하겠습니다. 여덟째, 고독, 병자, 빈곤 등 고통 받는 중생을 구제하겠습니다. 아홉째, 범계자를 깨우치고 불법으로 인도하겠습니다. 열 번째, 불법 수지하여 잊지 않고 잘 간직하겠습니다.

승만부인의 세 가지 서원은 첫째, 중생이 안온하길 힘쓰고 정법(正法) 지혜 얻기를 발원, 둘째, 정법 지혜 얻어 중생 위해 법을 설하길 발원, 셋째, 정법을 섭수(攝受)하고 수호하며 지켜나가길 발원입니다.

하나의 큰 서원은 "보살이 세운 수많은 서원은 곧 하나의 큰 대원에 속하는데, 그것은 '섭수정법(攝受正法)'입니다. 즉 정법을 온전히 받아들이는 일입니다. 이것이야말로 큰 서원입니다."

『승만경』

불안(佛眼)으로 일체중생을 관찰하니 탐진치 삼독 등 온갖

번뇌에 빠져 있어도 여래의 지혜와 안목과 법신이 갖추어져 있다. 일체 중생의 몸이 비록 여러 고통스런 세계를 윤회하며 익힌 번뇌 속에 있어도 여래장은 언제나 오염되지 않는다. 부처의 덕상(德相)이 완전히 갖추어져 있어서 부처와 전혀 차이가 없다.

『여래장경』

원이차공덕 보급어일체 아등여중생 당생극락국
동견무량수 개공성불도

(2) 주력 수행[11]

신묘장구대다라니

나모라 다나 다라야야 나막알약 바로기제 새바라야 모지
사다바야 마하사다바야 마하가로 니가야 옴 살바 바예수 다
라나 가라야 다사명 나막 까리다바 이맘알야 바로기제 새바
라 다바 니라간타 나막하리나야 마발다 이사미 살발타 사다
남 수반아예염 살바보다남 바바마라 미수다감 다냐타 옴 아
로계 아로가 마지로가 지가란제 혜혜하례 마하모지 사다바

---

11) 주력 수행은 따로 그 진언의 뜻을 해석하지 않고 독송하며, 그 뜻을 헤아리기 위한 수
    행이 아니라, 진언이나 다라니를 독송하면서 '독송하는 자'가 누구인지, 즉 자성(自性)을
    확인하기 위한 수행이다. 아무 생각 없이 오로지 진언의 울림, 그 소리에 집중하며 외운
    다. 진언 중 한두 가지를 선택 해 7독, 21독, 49독, 108독을 하거나, 10분, 30분, 1시
    간을 독송하기도 한다. 진언이나 다라니 또한 독송하기 전에 경전독송과 마찬가지로 다음
    의 순서를 따른다. 다만 짧은 진언일 경우는 아래의 순서를 생략하고 바로 진언만 외기
    도 한다.

정구업진언 『수리수리 마하수리 수수리 사바하』(3번)
오방내외안위제신진언 『나무 사만다 못다남 옴 도로 도로 지미 사바하』(3번)
개경게 무상심심미묘법 백천만겁난조우 아금문견득수지 원해여래진실의
개법장진언 『옴 아라남 아라다』(3번)

주력 수행(아래의 진언/다라니 중에서 선택)

<u>회향게-읽지 않음</u>
원이차공덕 보급어일체 아등여중생 당생극락국 동견무량수 개공성불도(반배)

사마라 사마라 하리나야 구로구로 갈마 사다야 사다야 도로
도로 미연제 마하미연제 다라다라 다린 나례 새바라 자라자
라 마라미마라 아마라 몰제예혜혜 로계새바라 라아 미사미
나사야 나베사미사미 나사야 모하자라 미사미 나사야 호로
호로 마라호로 하례 바나마나바 사라사라 시리시리 소로소
로 못쟈못쟈 모다야 모다야 매다리야 니라간타 가마사 날사
남 바라하라나야 마낙 사바하 싯다야 사바하 마하싯다야 사
바하 싯다유예 새바라야 사바하 니라간타야 사바하 바라하
목카싱하 목카야 사바하 바나마 하따야 사바하 자가라 욕다
야 사바하 상카섭나네 모다나야 사바하 마하라 구타다라야
사바하 바마사간타 이사시체다 가릿나 이나야 사바하 먀가
라 잘마니바 사나야 사바하

　나모라 다나다라 야야 나막알야 바로기제 새바라야 사바
하(3번)

광명진언(光明眞言)[12]

옴 아모가 바이로차나 마하무드라 마니 파드마 즈바라 프
라바를타야 훔

불설소재길상다라니(佛說消災吉祥陀羅尼)[13]

나모 사만다 몯다남 아바라지 하다사 사나남 다냐타 옴
카카 카혜 카혜 훔훔 아바라 아바라 바라 아바라 바라 아
바라 지따 지따 지리 지리 빠다 빠다 선지가 시리예 사바
하

---

12) 비로자나 부처님의 원력이 담긴 진언으로 온갖 영가를 밝은 부처님께로 이끌어 천도하
   는 진언
13) 온갖 재앙을 없애고 길상(吉祥)한 공덕을 얻는 진언

해탈주(解脫呪)[14]

나무동방 해탈주세계 허공공덕 청정미진 등목단정 공덕상
광명화 파두마 유리광보체상 최상향 공양흘 종종장엄 정계
무량무변 일월광명 원력장엄 변화장엄 법계출생 무장애왕
『여래아라하 삼먁삼불타』(3번)

참회진언(懺悔眞言)[15]

옴 살바 못자모지 사다야 사바하

---

14) 온갖 영가를 천도해 주고 해탈로 이끄는 진언
15) 과거의 모든 죄업을 참회하는 진언

준제진언(准提眞言)¹⁶⁾

나무 사다남 삼먁 삼못다 구치남 다냐타
『옴 자례 주례 준제 사바하 부림』

육자대명왕진언(六字大明王眞言)¹⁷⁾

옴 마니 반메 훔

---

16) 6관음 중 한 분인 준제관음은 육도 중 인간계를 교화하는 보살로서, 이 진언을 염송하
면 모든 재앙과 어려운 일도 그를 능히 침범하지 못하게 하고 부처님과 같은 복을 받는
다고 함. 불설칠구지불모준제대명다라니경에 의하면 준제진언을 7, 21, 108, 1080, 1천
만번 독송하면 원하는 모든 것을 얻을 수 있다고 설한다.
17) 관세음보살의 자비를 소리로 형상화한 진언으로, 관음보살의 본심, 자성에 감응하여 원
하는 것을 이루고 반야지혜를 증득하게 하는 진언

대불정 능엄신주(大佛頂楞嚴神呪)[18]

01. 스타타 가토스니삼 시타타 파트람 아파라지탐

　　 프라튱기람 다라니

02. 나맣 사르바 붇다 보디사트베뱧

03. 나모 삵타남 사먁삼붇다 코티남 사스라바카삼가남

04. 나모 로케 아르한타남

05. 나모 스로타판나남

06. 나모 스크르타가미남

07. 나모 아나가미남

08. 나모 로케 사먁가타남 사먁프라티판나남

09. 나모 라트나 트라야야

10. 나모 바가바테 드르다수라세나 프라하라나라라자야

　　 타타가타야 아르하테 사먁삼붇다야

11. 나모 바가바테 아미타바야 타타가타야 아르하테

---

18) 능엄주(楞嚴呪)는 대불정다라니(大佛頂陀羅尼)라고도 하며, 능엄경 제7권에 수록되어 있는, 총 427구(句)의 불교의 대표적 다라니이다. 이 주는 모든 재앙을 물리치게 하고, 영원히 좋은 곳에 태어나며, 모든 참회가 이루어지고, 마침내 부처를 이루게 한다. 중국 선종에서도 널리 염송되는 방편으로 백장스님도 백장청규에서 이 주를 권하였다.

사먁삼붇다야

12. 나모 바가바테 악소뱌야 타타가타야 아르하테

    사먁삼붇다야

13. 나모 바가바테 바이사이쟈구루 바이투랴

    프라바라자야 타타가타야 아르하테 사먁삼붇다야

14. 나모 바가바테 삼푸스피타사 렌드리라자야

    타타가타야 아르하테 사먁삼붇다야

15. 나모 바가바테 사캬무나예 타타가타야 아르하테

    사먁삼붇다야

16. 나모 바가바테 라트나쿠수마 케투라자야 타타가타야

    아르하테 사먁삼붇다야

17. 나모 바가바테 타타가타쿠라야

18. 나모 바가바테 파드마쿠라야

19. 나모 바가바테 바즈라쿠라야

20. 나모 바가바테 마니쿠라야

21. 나모 바가바테 가르자쿠라야

22. 나모 데바르시남

23. 나모 싣다 비댜 다라남

24. 나모 싣다비댜다라르시남 사파누그라하 사마르타남

25. 나모 브라흐마네

26. 나모 인드라야

27. 나모 바가바테 루드라야 우마파티사헤야야

28. 나모 나라야나야 락삼미사헤야야 팜차마하무드라
    나마 스크르타야

29. 나모 마하카라야 트리푸라나가라 비드라파나카라야
    아디묵토카 스마사나바시니 마트르가나

30. 나맣 스크르타야 에뵤 나맣 스크르트바 이맘

31. 바가바타 스타타가토스니삼 시타타파트람
    나마파라지타 프라퉁기람

32. 사르바데바 나마 스크르탐

33. 사르바데베뱧 푸지탐

34. 사르바데베스차 파리파리탐

35. 사르바부타그라하 니그라하카림,파라비댜체다나카림,
    두남타남 사트바남 다마캄 두스타남 니바라님,
    아카라므르튜 프라사마나카림

36. 사르바반다 나목사나카림

37. 사르바두스타 두스바프나니바라님, 차투라시티남
    그라하사하스라남 비드밤사나카림, 아스타빔사티남

낙사트라남 프라사다나카림, 아스타남 마하그라하남

비드밤사나카림

38. 사르바 사트루니바라님, 구람두스바프 나남차나사님,

비사사스트라 아그니 우다카우트라님 아파라지타구라

39. 마하 찬남

40. 마하 디프탐

41. 마하 테잠

42. 마하 스베탐 즈바라

43. 마하 바라 스리야판다라바시님 아랴타라

브르쿠팀체바잠

44. 바즈라 마레티 비스루탐 파드마크맘

45. 바즈라 지흐바차 마라체바파라지타

46. 바즈라 단디 비사라차 산타바이데하푸지타

사이미루파 마하스베타 아랴타라 마하바라아파라

47. 바즈라 상카라체바 바즈라코마리 쿠란다리

48. 바즈라하스타차 마하비댜 타타캄차나마리카

쿠숨바라타나체바 바이로차나 쿠다르토스니사

비즈름바마나차

49. 바즈라 카나카 프라바로차나

50. 바즈라 툰디차 스베타차카마락사 사시프라바

51. 이뎨테 무드라가나 사르베락삼 쿠르반투 마마샤,

52. 옴 리시가나 프라사스타 타타가토스니사

53. 훔브룸 잠바나

54. 훔브룸 스탐바나

55. 훔브룸 보하나

56. 훔브룸 마타나

57. 훔브룸 파라비댜 삼박사나카라

58. 훔브룸 사르바두스타남 스탐바나카라

59. 훔브룸 사르바약사 락사사그라하남 비드밤사나카라

60. 훔브룸 차투라시티남 그라하사하스라남 비나사나카라

61. 훔브룸 아스타빔사티남 낙사트라남 프라사다나카라

62. 훔브룸 아스타남 마하그라하남 비드밤사나카라

63. 락사락사 맘 바가밤 스타타가토스니사

64. 마하프라튱기레

65. 마하사하스라부제 사하스라시르사이

　　코티사타사하스라네트레 아뱀댜 즈바리타나타나카

66. 마하바즈로다라 트르부바나 만다라

　　옴 스바스티르바바투 마마

67. 라자 바야, 초라 바야, 아그니 바야, 우다카 바야

68. 비사 바야, 사스트라 바야, 파라차크라 바야,

　　　두르빅사 바야

69. 아사니 바야, 아카라므르튜 바야,

　　　다라니부미캄파 바야, 우르카파타 바야

70. 라자단다 바야, 나가 바야 ,비듀 바야, 수프라니 바야

71. 약사 그라하, 락사사 그라하, 프레타그라하,

　　　피사차그라하

72. 부타그라하, 쿰반다그라하, 푸타나그라하,

　　　카타푸타나 그라하

73. 스칸다그라하, 아파스마라그라하, 운마다그라하,

　　　차야그라하, 레바티그라하

74. 우자하리냐, 가르바하리냐, 자타하리냐, 지비타하리냐

75. 루디라 하리냐, 바사 하리냐 맘사 하리냐,

　　　메다 하리냐

76. 마자하리냐, 반타하리냐, 아수챠하리냐, 치차하리냐

77. 테삼사르베삼 사르바그라하남 비담 친다야미

　　　키라야미

78. 파리브라자카 크르탐비담 친다야미 키라야미

79. 다카다키니 크르탐비댬 친다야미 키라야미

80. 마하파수파티 루드라 크르탐비댬 친다야미 키라야미

81. 타트바가루다사헤야 크르탐비댬 친다야미 키라야미

82. 마하카라 마트르가나 크르탐비댬 친다야미 키라야미

83. 카파리카 크르탐비댬 친다야미 키라야미

84. 자야카라마두카라 사르바르타 사다나 크르탐비댬
    친다야미 키라야미

85. 차투르바기니 크르탐비댬 친다야미 키라야미

86. 브름기리티카 난디케스바라 가나파티사헤야
    크르탐비댬 친다야미 키라야미

87. 나그나스라마나 크르탐비댬 친다야미 키라야미

88. 아르한타 크르탐비댬 친다야미 키라야미

89. 비타라가 크르탐비댬 친다야미 키라야미

90. 바즈라파니 크르탐 비댬 친다야미 키라야미

91. 브라흐마크르탐 루드라크르탐 나라야나 크르탐비댬
    친다야미 키라야미

92. 바즈라파니 구햐카디파티 크르탐비댬
    친다야미 키라야미

93. 락사 락사 맘,

94. 바가밤 시타타파트라 나모 스투테

95. 아시타나라르카 프라바스푸타 비카시타타파트레

96. 즈바라즈바라 다카다카 비다카비다카 다라다라

97. 비다라비다라 친다친다 빈다빈다

98. 훔훔 파트파트 스바하

99. 헤헤 파트, 아모가야 파트, 아프라티하타야 파트

100. 바라프라다야 파트, 아수라 비드라파카야 파트

101. 사르바 데베뱔 파트, 사르바 나게뱔 파트

102. 사르바 약세뱔 파트, 사르바 락사세뱔 파트

103. 사르바 가루데뱔 파트, 사르바 간다르베뱔 파트

104. 사르바 아수레뱔 파트, 사르바 킨다레뱔 파트

105. 사르바 마호라게뱔 파트, 사르바 부테뱔 파트

106. 사르바 피사체뱔 파트, 사르바 쿰반데뱔 파트

107. 사르바 푸타네뱔 파트, 사르바 카타푸타네뱔 파트

108. 사르바 두르람기테뱔 파트,
    사르바 두스프렉시테뱔 파트

109. 사르바 즈바레뱔 파트, 사르바 아파스마레뱔 파트

110. 사르바 스라마네뱔 파트, 사르바 티르티케뱔 파트

111. 사르바 운맘데뱔 파트, 사르바 비댜차례뱔 파트

112. 자야카라마두카라 사르바르타 사다케뵤 비댜차례뱧
　　　파트

113. 차투르바기니뱧 파트

114. 바즈라 코마리 쿠란다리 비댜라제뱧 파트

115. 마하프라 튱기레뱧 파트

116. 바즈라상카라야 프라튱기라라자야 파트

117. 마하카라야 마트르가나 나마스크르타야 파트

118. 인드라야 파트, 브라흐미니예 파트

119. 루드라야 파트, 비스나비예 파트

120. 비스네비예 파트, 브라흐미예 파트

121. 아그니예 파트, 마하카리예 파트

122. 로드리예 파트, 카라단디예 파트

123. 아인드리예 파트, 마트리예 파트

124. 차문디예 파트, 카라라트리예 파트

125. 카파리예 파트, 아디뭊토카스마사나 바시니예 파트

126. 예케칠타 사트바 마마

127. 두스타칠타, 파파칠타, 로드라칠타,
　　　비드바이사칠타, 아마이트라칠타

128. 우트파다얀티, 키라얀티, 만트라얀티,

자판티 조한티

129. 우자 하라, 가르바 하라, 루디라 하라

130. 맘사 하라, 메다 하라, 마자 하라, 바사 하라

131. 자타 하라, 지비타 하라, 마랴 하라, 바랴 하라

132. 간다 하라, 푸스파 하라, 파라 하라, 사샤 하라

133. 파파칟타 두스타칟타

134. 데바그라하, 나가그라하

135. 약사그라하, 락사사그라하, 아수라그라하,
     가루나그라하

136. 킨다라그라하, 마호라가그라하, 프레타그라하,
     피사차그라하

138. 부타그라하, 푸타나그라하, 카타푸타나그라하,
     쿰반다그라하

139. 스칸다그라하, 운마다그라하, 차야그라하,
     아파스마라그라하

140. 다카다키니그라하, 레바티그라하, 자미카그라하,
     사쿠니그라하

141. 난디카그라하, 람비카그라하, 칸타파니그라하

142. 즈바라 에카히카 드바이티야카 트레티야카

차투르타카

143. 니탸즈바라 비사마즈바라, 바티카 파이티카
스레스미카 산디파티카

144. 사르바즈바라 시로르티 아르다바베다카 아로차카

145. 악시 로감, 무카 로감 흐르드 로감

146. 카르나 수람, 단다 수람, 흐르다야 수람

147. 마르마 수람, 파라스바 수람, 프르스타 수람

148. 우다라 수람, 카티 수람, 바스티 수람

149. 우루 수람, 잠가 수람, 하스타 수람

150. 파다 수람, 사르방가프라퉁가 수람

151. 부타베타다 다카다키니

152. 즈바라다드루칸듀키티 바로타바이 사르파로하링가
소사트라사가라

153. 비사요가 아그니 우다카 마라베라 칸타라

154. 아카라므르튜 트라이무카 트라이라타카 브르스치카
사르파나쿠라

155. 심하 뱌그라릭사 타라릭사 차마라지비베

156. 테삼사르베삼 시타타파트라 마하바즈로오스니삼
마하프라퉁기람

157. 야바드바 다사요자나 뱐타레나

158. 사마 반담 카로미

159. 디사 반담 카로미

160. 파라비댜 반담 카로미

161. 테조 반담 카로미

162. 하스타 반담 카로미

163. 파다 반담 카로미

164. 사르방가프라튱가 반담 카로미

165. 타댜타 옴 아나레 아나레 비사다비사다 반다반다
반다니반다니

166. 바이라바즈라파니 파트 훔브룸 파트 스바하

167. 나모 스타타가타야 수가타야르하테 사먁삼붇다야
시댬투 반트라파다 스바하

[회향게]

상래현전청정중 풍송능엄비밀주
회향삼보중룡천 수호가람제성중
삼도팔난구리고 사은삼유진첨은
국계안녕병혁소 풍조우순민안락

대중훈수희승진 십지돈초무난사
삼문청정절비우 단신귀의증복혜
시방삼세일체불 제존보살마하살
마하반야바라밀

(3) 염불 수행[19]

19) 염불할 불보살님의 명호 중 하나를 선택하여, 마음을 고요히 하고 오로지 염불하는 것에만 집중함으로써 올라오는 번뇌망상과 분별심을 조복 받고, 본래 고요하던 자성, 본래 부처로 돌아가는 수행이 곧 염불수행이다. 염(念)은 중생의 마음이고, 불(佛)은 부처의 마음으로, 염불수행을 통해 중생의 마음과 부처의 마음이 하나 되는 수행이다. 본래 중생심과 여래심은 둘이 아닌 불이법(不二法)이지만, 중생의 번뇌망상에 의해 둘로 나뉘는 것처럼 보일 뿐이다. 염불수행을 통해 내가 곧 부처임을 확인하는 것이 곧 염불수행이다. 좌선 자세로 앉아 염불하거나, 합장하고 염불하며 소리를 내어 염불하거나 여건이 어려우면 작은 소리나 혹은 마음속으로 염불할 수도 있다. 염불소리를 귀로 똑똑히 관찰하면서, 이렇게 염불하는 것은 누구인가 하고 의심하면 염불선이 된다. 나로 하여금 염불하게 하는 놈, 그것이 곧 나의 본성이니, '염불하게 하는 이것은 무엇인가' 하고 참구하며 염불한다. 염불 수행 할 때는 10분, 20분, 30분, 1시간씩 시간을 정해 놓고 염불하고, 염불하는 동안은 생각에 끌려가지 않고 오로지 염불소리에만 마음을 모은다. 생각이 일어나면 다시 돌아와 염불소리에 집중하기를 반복한다. 염불하면서 절 수행을 함께 하는 것도 좋다. 염불수행은 꼭 특정한 기도의 형식을 갖추지 않더라도, 일상생활 속에서 언제나 번뇌망상이 올라올 때 염불하면서 번뇌를 조복 받는 생활 속의 수행으로도 많이 실천된다. 염불수행이 끝난 뒤에 다음의 염불수행 회향게를 하기도 한다.

염불공덕수승행	염불한 공덕과
念佛功德殊勝行	수승한 행원의
무변승복개회향	광대한 복덕 일심
無邊勝福皆廻向	회향하오니
보원침익제유정	생사윤회의 길에
普願沈溺諸有情	돌고 도는 중생들을
속왕무량광불찰	아미타불 극락정토
速往無量光佛刹	왕생하게 하옵소서
시방삼세일체불	시방삼세의 일체
十方三世一切佛	부처님이시여
제존보살마하살	존귀하신 보살
諸尊菩薩摩訶薩	마하살이시여
마하반야바라밀	마하반야바라밀
摩訶般若波羅蜜	하여지이다 (반배)

석가모니불(釋迦牟尼佛)[20]

나무 영산불멸 학수쌍존 시아본사 석가모니불 ……
南無 靈山不滅 鶴樹雙存 是我本師 釋迦牟尼佛

또는

나무 삼계도사 사생자부 시아본사 석가모니불 ……
南無 三界導師 四生慈父 是我本師 釋迦牟尼佛

석가여래종자심진언
釋迦如來種子心眞言

『나모 사만다 못다남 박』

천상천하무여불 시방세계역무비
天上天下無如佛 十方世界亦無比

세간소유아진견 일체무유여불자
世間所有我盡見 一體無有如佛者

고아일심귀명정례
故我一心歸命頂禮

---

20) '나무 영산불멸~', '나무 삼계도사~' 두 가지 중 한 가지를 선택하여 염불한다. 요즘에
는 정근 마칠 때 '석가여래종자심진언'을 하기도 한다.

아미타불(阿彌陀佛)

나무서방정토 극락세계 아등도사
南無西方淨土 極樂世界 我等導師

나무아미타불 ……
南無我彌陀佛

아미타불본심미묘진언
阿彌陀佛本心微妙眞言

『 다냐타 옴 아리다라 사바하 』(세번)

무량광중화불타 앙첨개시아미타
無量光中化佛多 仰瞻皆是阿彌陀

응신각정황금상 보계도선벽옥라
應身各挺黃金象 寶髻都旋碧玉螺

고아일심귀명정례
故我一心歸命頂禮

관세음보살(觀世音菩薩)

나무보문시현 원력홍심 대자대비 구고구난 대성자모
南無普門示現 願力洪沈 大慈大悲 求苦求難 大聖慈母

관세음보살 ……
觀世音菩薩

관세음보살멸업장진언
觀世音普薩滅業障眞言

『옴 아로늑계 사바하』(3번)

구족신통력 광수지방편 시방제국토 무찰불현신
具足神通力 廣修智方便 十方諸國土 無刹不現身

고아일심귀명정례
故我一心歸命頂禮

지장보살(地藏菩薩)

나무 유명교주 남방화주 대원본존
南無 幽冥敎主 南方化主 大願本尊

지장보살 ......
地藏菩薩

지장보살 멸정업다라니
地藏菩薩 滅淨業多羅尼

『옴 바라 마니 다니 사바하』(3번)

지장대성위신력 항하사겁설난진
地藏大聖威神力 恒河沙劫說難盡

견문첨례일념간 이익인천무량사
見聞瞻禮一念間 利益人天無量事

고아일심귀명정례
故我一心歸命頂禮

(4) 절 수행[21]

오체투지, 절 하는 방법

절수행은 '합장 → 꿇어앉기 → 손 짚고 발 포개며 접족례 → 일어서며 합장하기'의 순서로 진행된다.

1) 합장

양손을 펴서 가슴 부분에서 하나로 붙여 합하는 행위이다. 두 손을 하나로 모음으로써 흩어지고 산란한 마음을 하나로 합하여 한 마음, 곧 일심(一心)이 되도록 한다. 합장할 때는 양 손을 모아 손바닥이 서로 밀착되어 빈틈이 없게 하되

---

21) 절 수행은 보통 108배를 하거나, 10분, 30분 정도 시간을 정해 놓고 할 수도 있다. 하루에 100~300배 정도를 하면 몸의 건강에도 큰 도움이 된다. 염불하면서 절을 할 때는 염불하는 소리와 절하는 동작을 있는 그대로 알아차리며 한다. 절을 하면서 움직이는 몸의 동작과 마음의 변화를 있는 그대로 알아차리면서 하고, 망상과 생각이 올라오면 생각이 올라왔음을 있는 그대로 알아차리고, 다시 몸과 마음의 움직임에 주의를 기울이며 알아차린다. 절하면서 반야심경 등의 경전을 사경하기도 한다. 일자일배, 일자삼배, 일행삼배 등의 방법이 있는데, 한 글자 쓰고 절 한 번 하거나, 한 글자 쓰고 삼배, 혹은 한 행을 쓰고 삼배를 하는 등의 방법이 있다. 절 수행을 통해 선(禪)수행을 할 수도 있는데, 절을 하면서 절하는 이 놈이 누구인가 하고 의심하는 것이다. 절을 시작하면 내가 억지로 애쓰지 않더라도 저절로 절을 하게 되는데, 바로 그렇게 절을 하도록 하는 '놈'이 누구인가를 참구하는 것이다. 108배를 할 때 또 다른 방법으로는 '백팔대참회문'을 독송하면서 한배 한배 절하는 방법도 있는데, 여러 가지 버전의 백팔대참회문이 나와 있으니 참고하면 된다. 또한 '천불천배 자비도량참법'은 독송하면서 천 배 절을 할 수 있도록 편집되어 있어, 천 배 절수행을 할 수 있는 의식집이다.

손가락 사이가 벌어지지 않도록 한다.

다음으로 양 팔꿈치가 좌우의 갈비뼈에 붙도록 하고 두 손목이 앞가슴 명치 위, 손가락 두 마디 정도 떨어진 곳에 위치하게 하면 자연스러운 자세가 된다. 손끝은 코끝을 향해 똑바로 세우고 턱을 당겨 고개를 약간 숙여 손끝이 코끝을 가리키도록 한다.

합장한 채 상체와 머리를 숙이는 것을 반배(半拜)라고도 하며 합장한 자세에서 공손히 머리를 낮춘다 하여 저두(低頭)라고 한다. 저두는 인사를 나누는 행위이기도 하다. 절을 하기 위한 도입 자세로써 합장을 할 때에는 방석을 밟지 않는다. 두 무릎과 머리만 방석에 닿도록 하는 것이 두 발의 수평을 유지하기에 더 좋고 그래야 안정된 자세로 절을 하기 좋기 때문이다.

2) 꿇어앉기

합장하고 허리를 곧게 세운 상태에서 그대로 무릎을 구부리면서 앉는다. 이 때 허리는 구부리지 않고, 무릎은 어깨너비 정도로 벌리며, 자연스럽게 고개를 숙인다. 무릎을 꿇을 때 양발의 뒤꿈치를 모아 엉덩이가 발뒤꿈치에 닿도록 한다.

3) 손 짚고 발 포개며 접족례(接足禮)

손 짚고 발 포개고 접족례 할 때는 두 손바닥을 동시에 바닥에 대며, 손과 손 사이에 머리가 들어갈 정도의 공간을 유지하고 손가락은 오므린다. 손을 바닥에 대면서 동시에 발을 포개고 이마를 바닥에 대는 동작이 이루어지는 것이 호흡하기에 자연스럽다.

배와 가슴은 대퇴부에 밀착되어 몸을 완전히 바닥에 낮추고, 이마와 양 팔꿈치, 양 무릎 등 다섯 부분이 바닥에 닿게 하면 되는데 이것이 바로 오체투지(五體投地)이다.

접족례란 엎드려 절하면서 부처님의 발을 받드는 것을 말한다. 이것은 부처님께 마음을 다해 존경을 표하는 행위로써, 접족례를 할 때에는 손바닥을 위로 하여 귀 밑의 높이까지 올리되 부처님의 발을 조심스레 올려서 내 머리를 부처님의 발에 댄다는 기분으로 한다.

4) 접족례에서 일어날 때

손바닥으로 바닥을 밀면서 머리를 들어 팔을 편다. 몸을 약간 앞으로 내밀면서 양쪽 발가락을 꺾고 일어나 무릎을 꿇은 상태에서 합장을 한다. 접족례 한 손바닥을 다시 바닥에 댈 때 무릎에서 지나치게 가깝거나 멀리 대면 일어설 때 무릎과 허리에 무리를 줄 수 있으므로 주의한다.

5) 일어서며 합장하기

발가락을 꺾고 무릎을 꿇어 합장한 자세에서 발뒤꿈치를 붙이면서 기마자세로 가볍게 일어선다. 이 때 엉덩이부터 일어서면 보기에도 부자연스러울 뿐더러 몸에 무리가 와 허리 병이 생길 수 있다. 일어설 때 손바닥을 바닥에 대고 머리를 앞으로 살짝 내밀 때 생기는 탄력을 이용하여 두 손을 가슴 앞에 모으면서 일어나면 허리에 무리가 생기지 않는다.

6) 유원반배(唯願半拜)

고두례(叩頭禮), 혹은 고두배(叩頭拜)라고도 한다. 여러 번 절을 할 때 맨 마지막에 올리는 예절을 말한다. 아무리 많은 절을 한다 해도 부처님에 대한 예경의 뜻을 다 표현할 수 없으니 마지막으로 극진한 마음을 전달하는 것이다.

접족례 후 팔꿈치를 바닥에 붙이고 머리를 어깨 높이로 들어 올려 합장한 손을 이마 앞에 모아 발원이나 기도를 올린 다음 다시 접족례하고 일어선다.

〈출처 : 대한불교조계종〉

절수행의 공덕과 효과

1) 집중력이 증가하고 삼매를 증득하게 된다.

2) 아만심, 아상을 없애고 하심하며 겸손하게 된다.

3) 업장(業障)이 소멸된다.

4) 절을 통해 선(禪)에 참여하므로 견성성불로 이끈다.

5) 건강의 기본 원리인 수승화강(水昇火降)과 두한족열(頭寒足熱)의 효과로 '머리는 차고 아랫배와 발은 따뜻해져' 만병의 치유가 가능하며 자연치유력이 높아진다.

6) 저절로 단전호흡, 복식호흡이 이루어진다.

7) 집중력 강화로 학습효과, 충동감소, 자존감이 향상된다

8) 디스크와 척추 및 골반교정, 체형유지에 큰 효과

9) 고혈압, 당뇨 등 성인병 예방에 효과가 있다.

10) 뼈와 관절을 강화하며 관절염을 예방한다.

11) 혈액순환, 노폐물방출, 소화촉진, 중금속 배출 효과

12) 인체의 기와 혈을 자극하는 완벽한 경락운동

13) 기타 감기예방, 면역강화, 탈모개선, 최고의 요가동작

108배 마음공부 발원문[22]

시방삼세 부처님과 역대조사 스님들께

지극한~ 마음으로 참회발원 하옵니다

지난세월 부처님의 참된진리 외면하고

고통바다 헤매다가 제가이제 불법만나

참된불자 서원하고 삼보귀의 하옵나니

부처님의 바른정법 구족하게 하옵소서

간절한~ 마음담아 참회발원 절합니다(반배)

귀의의 절 - 안 읽음

1. 지극한 마음으로 자성의 부처님께 귀의합니다.

2. 지극한 마음으로 자성의 가르침에 귀의합니다.

3. 지극한 마음으로 자성의 스승님께 귀의합니다.

참회의 절

[22] 108를 할 때는 염불하며 108배 하는 방법, 조용히 몸과 마음을 관찰하면서 108배 하는 방법이 있고, 아래의 백팔대발원문을 하나 하나 읽어 내려가면서 1배씩 하는 방법이 있다. 이 백팔배 마음공부 발원문은 기존의 여러 종류의 백팔대참회문, 나를 깨우는 백팔 배 등을 참고하여 필자가 도반님들의 수행에 꼭 도움이 될 만한 부분들을 모아 새롭게 엮은 것이다. 합장하고 독송하다가 '귀의합니다', '참회합니다', '절하옵니다' 하는 부분에 서 절을 한다.

4. 내가 누구인지를 모르고 살아온 세월을 참회합니다.

5. 내가 본래 부처임을 모르고 살아온 것을 참회합니다.

6. 내가 일으킨 분별망상으로 인해 어리석게 살아온
   세월을 참회합니다.

7. 너와 내가 둘이 아니라는 불이법(不二法)을 모른 채,
   너와 나를 둘로 나누며 차별한 것을 참회합니다.

8. 세상 사람을 둘로 나누고 좋아하거나 싫어한 것에
   대해 참회합니다.

9. 좋아하는 사람에게 집착한 잘못을 참회합니다.

10. 싫어하는 사람을 미워한 잘못을 참회합니다.

11. 좋아하고 집착한 이들에게 탐심(貪心)을 일으킨 것을
    참회합니다.

12. 싫어하고 미워한 이들에게 화를 내어 진심(嗔心)을
    일으킨 것을 참회합니다.

13. 옳고 그르며, 좋고 싫다는 분별의 어리석음인
    치심(癡心)을 참회합니다.

14. 좋고 싫은 것을 둘로 나누고, 좋은 것은 취하고 싫은
    것은 버리려 한 취사간택심을 참회합니다.

15. 눈에 보이는 모든 대상에 대해 좋은 것은 취하고

싫은 것은 버리려 한 것을 참회합니다.

16. 귀에 들리는 소리를 좋고 나쁜 것으로 나누어
    취하고 버리려한 어리석음을 참회합니다.

17. 칭찬은 더 듣고 싶어 하고, 비난은 듣기 싫어하던
    분별을 참회합니다.

18. 코로 맡아지는 냄새를 분별하여 취사간택한 것을
    참회합니다.

19. 혀에서 느껴지는 맛을 좋고 싫은 맛으로 나누고
    취사간택한 것을 참회합니다.

20. 몸에서 느껴지는 촉감을 둘로 나누어 취사간택한
    어리석음을 참회합니다.

21. 생각으로 모든 대상을 좋고 나쁜 것으로 나누고,
    취하고 버리려 한 분별을 참회합니다.

22. 지금의 나를 있게 해 준 모든 이들의 감사함을
    잊고 살아 온 어리석음을 참회합니다.

23. 몸으로 상대방을 괴롭히거나 힘들게 한 죄를
    참회합니다.

24. 말로 상대방을 괴롭히고 힘들게 한 죄를 참회합니다.

25. 생각으로 상대방을 미워한 죄를 참회합니다.

26. 살생으로 지은 죄업을 참회합니다.

27. 도둑질로 지은 죄업을 참회합니다.

28. 삿된 음행으로 지은 죄업을 참회합니다.

29. 헛된 망언(妄言)으로 지은 죄업을 참회합니다.

30. 꾸며낸 거짓말로 지은 죄업을 참회합니다.

31. 이간질 하는 말로 지은 죄업을 참회합니다.

32. 악담과 욕설로써 지은 죄업을 참회합니다.

33. 시기하고 질투하여 지은 죄업을 참회합니다.

34. 무시하고 폄하하여 지은 죄업을 참회합니다.

35. 알게 모르게 상처를 준 모든 이들에게 참회합니다.

36. 내 생각만 옳다고 집착한 어리석음을 참회합니다.

37. 이기적으로 나만 생각하고 이웃을 돌보지 못한 것을 참회합니다.

38. 자연과 내가 한 몸임을 잊고 자연을 오염시킨 것을 참회합니다.

39. 높고 낮음, 옳고 그름, 있고 없음, 좋고 싫음 등을 나누어 분별한 어리석음을 참회합니다.

40. 병들고 괴롭고 약하고 무지한 사람에 대한 자비심이 부족한 것을 참회합니다.

진리의 절

41. 나는 본래부터 존귀한 존재임을 깨달으며 절하옵니다.

42. 나는 이미 완전한 부처님임을 깨달으며 절하옵니다.

43. 이 세상 삼라만상이 하나의 부처님이요 법신임을
    깨달으며 절하옵니다.

44. 나와 세상, 나와 너는 하나의 부처로서 둘이 아님을
    깨달으며 절하옵니다.

45. 불이법(不二法)이므로 상대가 곧 나이기에, 동체대비의
    마음으로 상대를 사랑하기 발원하며 절하옵니다.

46. 집착 없는 순수한 마음으로 간절히 원하면 반드시
    이루어짐을 믿으며 절하옵니다.

47. 내 생각대로 사는 것 보다 주어진 삶이라는 진리의
    뜻대로 사는 것이 참된 것임을 깨달으며 절하옵니다.

48. 내가 잘 살아 보려고 애쓰기보다, 자성의 부처님이
    살아가도록 온전히 내맡기며 절하옵니다.

49. 바른 길이 정해져 있는 것이 아니라, 내가 걷는
    발걸음이 최상의 진리임을 깨달으며 절하옵니다.

50. 내가 살아 온 지난 삶은 그 순간의 최선이었음을

깨달아, 모든 과거를 용서하고 수용하며 절하옵니다.

51. 남들처럼 살려고 애쓰지 않고, 지금 이대로 나답게
사는 것 이야말로 부처님의 길임을 깨달으며
절하옵니다.

52. 유위법(有爲法)의 애씀을 버리고, 온 몸에 힘을 빼고
이완하며 진리에 나를 내맡기며 절하옵니다.

53. 무위자연(無爲自然)으로 자연스럽게 모든 것은 저절로
이루어짐을 깨달으며 절하옵니다.

54. 이 몸이 내가 아니라, 이 우주 전체가 진정한 나의몸
법신(法身)임을 깨달으며 절하옵니다.

55. 남들과 비교하지 않고, 우월과 열등을 넘어, 나다운
부처의 길을 걸으며 절하옵니다.

56. 제법실상(諸法實相)이라, 주어진 삶이야말로 참된 진리
임을 깨달아 분별없이 현재를 받아들이며 절하옵니다.

57. 상대방에게 행하는 것이 곧 내가 받아야 할 결과임을
알아 자비와 사랑을 실천하고자 절하옵니다.

58. 지금 없는 것을 얻고자 추구하기보다 지금 있는 것을
더 많이 누리며 만족하고자 절하옵니다.

59. 주는 것이 곧 받는 것이라는 업보의 이치를 깨달아

나눔과 베풂을 실천하며 절하옵니다.

60. 우주법계가 그대로 부처요, 산하대지가 법신임을
    깨달아 모든 존재를 존중하고 찬탄하며 절하옵니다.

61. 생각으로 현재를 해석하지 않고, 분별없이 주어진
    현실을 있는 그대로 경험하며 절하옵니다.

62. 부처님과 진리의 가르침과 바른 스승이 본래부터
    내 안에 구족되어 있음을 깨달으며 절하옵니다.

63. 칭찬하고 찬탄할 때 내게도 칭찬 받을 일이 생겨남을
    깨달아 수희찬탄하며 절하옵니다.

64. 죄의 본성은 텅 비어 죄란 본래 없음을 깨달아, 지금
    까지 지어온 모든 죄를 완전히 용서하며 절하옵니다.

65. 모든 것은 인연 따라 왔다가 가는 것을 깨달아
    어디에도 안주하거나 머물지 않으며 절하옵니다.

감사의 절

66. 내가 바로 부처님임에 감사하며 절하옵니다.

67. 이 귀한 부처님 법 만난 것에 감사하며 절하옵니다.

68. 참된 스승님을 만난 것에 감사하며 절하옵니다.

69. 너와 내가 둘이 아니라는 사실에 감사하며

절하옵니다.

70. 온 우주가 하나의 부처(一佛乘), 하나의 마음(一心)
    임에 감사하며 절하옵니다.

71. 이 세상 모든 것이 연기적으로 서로 연결되어 있는
    하나임에 감사하며 절하옵니다.

72. 중생의 삶이 곧 진리의 실상이라는 진리에 감사하며
    절하옵니다.

73. 고해(苦海)의 세상이 사실은 눈부시게 아름답고
    장엄한 곳이었음에 감사하며 절하옵니다.

74. 좋거나 싫은, 옳거나 그른 양 극단에 집착함이 없는,
    어디에도 치우치지 말라는 중도의 가르침을 일깨우며
    절하옵니다.

75. 새소리, 바람소리, 따뜻한 햇살 한 줌이 있는 그대로
    장엄한 법신불임을 깨닫고자 절하옵니다.

76. 애쓰지 않더라도 이미 모든 것이 완전히 주어져
    있다는 원만구족함에 감사하며 절하옵니다.

77. 진리에 내맡기고 자연에 순응하면 진정으로 평안해
    짐에 감사하며 절하옵니다.

78. 밖을 향해 헐떡거리며 바쁘게 뛰어다니던 삶을

멈추고 지금 여기에 도착하기 위해 절하옵니다.

79. 진리를 찾아 헤매던 그 모든 추구의 길을 끝내고,
지금 여기에 있는 법을 바로 보도록 이끌어주신
감사함에 절하옵니다.

80. 숨을 들이쉬며 수용, 숨을 내쉬며 용서,
들숨에 감사, 날숨에 사랑의 마음을 담아 절하옵니다.

발원의 절

81. 나의 성품이 본래 부처임을 확인하기를 발원하며
절하옵니다.

82. 바른 가르침 만나기를 발원하며 절하옵니다.

83. 바른 스승 만나기를 발원하며 절하옵니다.

84. 상구보리 하화중생을 발원하며 절하옵니다.

85. 일체 중생을 다 구제하기를 발원하며 절하옵니다.

86. 번뇌를 다 끊어내기를 발원하며 절하옵니다.

87. 무량한 법문 다 듣기를 발원하며 절하옵니다.

88. 불도를 이루기를 발원하며 절하옵니다.

89. 분별심을 여의기를 발원하며 절하옵니다.

90. 탐욕심을 버리기를 발원하며 절하옵니다.

91. 성내는 마음을 조복받기 발원하며 절하옵니다.

92. 어리석은 마음 밝히기를 발원하며 절하옵니다.

93. 괴로움을 다 끊어내기를 발원하며 절하옵니다.

94. 이 세상에 전쟁이 없고 영원한 평화가 오기를
    발원하며 절하옵니다.

95. 이 땅이 불국토가 되기를 발원하며 절하옵니다.

96. 삶을 있는 그대로 받아들이기를 발원하며 절하옵니다.

97. 자비로운 마음으로 살기를 발원하며 절하옵니다.

98. 불이중도(不二中道)를 깨달아 본래면목을 확인하기
    발원하며 절하옵니다.

99. 내 생각에 고집하지 않기를 발원하며 절하옵니다.

100. 마음을 활짝 열고 분별없이 받아들이기를 발원하며
    절하옵니다.

101. 삶에 이완되어 심각함 없기를 발원하며 절하옵니다.

102. 이 땅에 부처님이 오시기를 발원하며 절하옵니다.

103. 금생에 견성성불하기를 발원하며 절하옵니다.

104. 그 무엇도 바라지 않기를 발원하며 절하옵니다.

105. 지금 이대로 이기를 발원하며 절하옵니다.

106. 자유자재하게 살아가기를 발원하며 절하옵니다.

107. 진리, 부처, 열반에도 집착하지 않기를 발원하며
　　　절하옵니다.
108. 이 모든 인연공덕을 아낌없이 온누리에 회향합니다.

자비하신 부처님께 거듭참회 발원하니

오체투지 몸을낮춘 기도수행 공덕으로

무명번뇌 소멸되고 몸과마음 청정하여

오늘세운 지심발원 퇴전하지 않으오며

지성으로 정진하여 무상불도 이루어서

견성성불 하여지이다

나무 석가모니불

나무 석가모니불

나무시아본사 석가모니불

우리말 백팔대참회문23)

1. 대자비로 중생들을 어여삐여겨
   대희대사 베푸시어 제도하시며
   수승하온 지혜덕상 장엄하시니
   저희들이 지심으로 귀의합니다.
2. 지심귀명례 금강상사
3. 귀의불 귀의법 귀의승
4. 제가이제 발심하여 예배하옴은
   제스스로 복얻거나 천상에나며
   성문연각 보살지위 구함아니요
   오직오직 최상승을 의지하옵고
   무상정등 정각마음 냄이옵니다.
   원하오니 시방세계 모든중생이
   모두함께 무상보리 얻어지이다.
5. 지심귀명례 시방 진허공계 일체제불

---

23) 백팔대참회문은 예불대참회문이라고도 하며, 오래 전부터 한국불교에서 널리 독송되는 참회게송이다. 108번 절을 하며 게송과 부처님께 지극한 마음으로 귀의하면서 참회하는 형식의 참회문으로, 모든 죄업을 참회하고, 불보살님과 일체중생에게 그동안 쌓아 온 모든 공덕을 회향하는 내용을 담고 있는 기도문이다. 숫자는 절의 숫자를 의미하는 것으로 총 108번 절하도록 되어 있다. 숫자가 있는 줄의 끝에서 오체투지 큰 절을 한다.

6. 지심귀명례 시방 진허공계 일체존법

7. 지심귀명례 시방 진허공계 일체현성승

8. 지심귀명례 여래 응공 정변지 명행족 선서 세간해
   무상사 조어장부 천인사 불세존

9. 지심귀명례 보광불

10. 지심귀명례 보명불

11. 지심귀명례 보정불

12. 지심귀명례 다마라발전단향불

13. 지심귀명례 전단광불

14. 지심귀명례 마니당불

15. 지심귀명례 환희장마니보적불

16. 지심귀명례 일체세간요견상대정진불

17. 지심귀명례 마니당등광불

18. 지심귀명례 혜거조불

19. 지심귀명례 해덕광명불

20. 지심귀명례 금강뢰강보산금광불

21. 지심귀명례 대강정진용맹불

22. 지심귀명례 대비광불

23. 지심귀명례 자력왕불

24. 지심귀명례 자장불

25. 지심귀명례 전단굴장엄승불

26. 지심귀명례 현선수불

27. 지심귀명례 선의불

28. 지심귀명례 광장엄왕불

29. 지심귀명례 금화광불

30. 지심귀명례 보개조공자재력왕불

31. 지심귀명례 허공보화광불

32. 지심귀명례 유리장엄왕불

33. 지심귀명례 보현색신광불

34. 지심귀명례 부동지광불

35. 지심귀명례 항복중마왕불

36. 지심귀명례 재광명불

37. 지심귀명례 지혜승불

38. 지심귀명례 미륵선광불

39. 지심귀명례 선적월음묘존지왕불

40. 지심귀명례 세정광불

41. 지심귀명례 용종상존왕불

42. 지심귀명례 일월광불

43. 지심귀명례 일월주광불

44. 지심귀명례 혜당승왕불

45. 지심귀명례 사자후자재력왕불

46. 지심귀명례 묘음승불

47. 지심귀명례 상광당불

48. 지심귀명례 관세등불

49. 지심귀명례 혜위등왕불

50. 지심귀명례 법승왕불

51. 지심귀명례 수미광불

52. 지심귀명례 수만나화광불

53. 지심귀명례 우담바라화수승왕불

54. 지심귀명례 대혜력왕불

55. 지심귀명례 아촉비환희광불

56. 지심귀명례 무량음성왕불

57. 지심귀명례 재광불

58. 지심귀명례 금해광불

59. 지심귀명례 산해혜자재통왕불

60. 지심귀명례 대통광불

61. 지심귀명례 일체법상만왕불

62. 지심귀명례 석가모니불

63. 지심귀명례 금강불괴불

64. 지심귀명례 보광불

65. 지심귀명례 용존왕불

66. 지심귀명례 정진군불

67. 지심귀명례 정진희불

68. 지심귀명례 보화불

69. 지심귀명례 보월광불

70. 지심귀명례 현무우불

71. 지심귀명례 보월불

72. 지심귀명례 무구불

73. 지심귀명례 이구불

74. 지심귀명례 용시불

75. 지심귀명례 청정불

76. 지심귀명례 청정시불

77. 지심귀명례 사류나불

78. 지심귀명례 수천불

79. 지심귀명례 견덕불

80. 지심귀명례 전단공덕불

81. 지심귀명례 무량국광불

82. 지심귀명례 광덕불

83. 지심귀명례 무우덕불

84. 지심귀명례 나라연불

85. 지심귀명례 공덕화불

86. 지심귀명례 연화광유희신통불

87. 지심귀명례 재공덕불

88. 지심귀명례 덕념불

89. 지심귀명례 선명칭공덕불

90. 지심귀명례 홍염제당왕불

91. 지심귀명례 선유보공덕불

92. 지심귀명례 투전승불

93. 지심귀명례 선유보불

94. 지심귀명례 주잡장엄공덕불

95. 지심귀명례 보화유보불

96. 지심귀명례 보련화선주사라수왕불

97. 지심귀명례 법계장신아미타불

98. 모든세계 이와같은 제불세존은
    어느때나 중생들과 함께하시니

저희들을 이제다시 살펴주소서
저희들의 지난날을 생각하오면
이생으로 저생으로 그먼생으로
시작없는 옛적부터 내려오면서
가지가지 지은죄가 한이없으니
제스스로 혼자죄업 짓기도하고
다른이를 시켜죄업 짓게도하며
남이하는 나쁜짓은 좋아하였고
탑전이나 삼보도량 갖춘물건과
승물이나 사방승물 가림이없이
제것인양 제멋대로 갖기도하고
다른이를 시켜서도 훔치었으며
상주물건 훔치기를 좋아하였고
무간지옥 떨어지는 오역중죄도
제스스로 저혼자서 짓기도하고
다른이를 시켜서도 짓게하였고
남이짓는 오역죄는 좋아하였고
삼악도에 떨어지는 십악죄행도
제스스로 저혼자서 짓기도하고

다른이를 시켜서도 짓게하였고

남이짓는 십악업을 좋아했으니

이와같은 모든죄가 태산같으되

어떤것은 지금에도 생각에남고

어떤것은 아득하여 알수없으나

알든말든 지은죄로 받는과보는

지옥아귀 축생도나 다른악취나

변지하천 멸려차로 떨어지리니

제가이제 지성다해 부처님전에

이와같이 지은죄를 참회합니다

99. 이자리를 함께하신 제불세존은

저희들의 온갖일을 다아시오니

대자비심 베푸시어 살펴주소서

제가다시 제불전에 아뢰옵니다.

저희들이 지나왔던 모든생중에

보시공덕 지었거나 계를지키되

축생에게 먹이한입 준일로부터

청정범행 닦고익힌 정행공덕과

중생들을 성취시킨 선근공덕도

무상보리 수행하온 수행공덕도

위가없는 큰지혜의 모든공덕도

일체전부 함께모아 요량하여서

남김없이 보리도에 회향하옵되

과거미래 현재모든 부처님께서

지으신바 온갖공덕 회향하듯이

저도또한 그와같이 회향합니다.

제가이제 모든업장 참회하옵고

모든복덕 남김없이 기뻐하오며

부처님을 청해왔던 공덕으로써

무상지혜 이뤄지길 원하옵니다.

과거미래 현재모든 부처님들은

시방세계 다함없는 중생들에게

가이없고 한량없는 공덕해시니

제가이제 목숨바쳐 절하옵니다.

100. 가이없는 시방세계 그가운데에

과거현재 미래모든 부처님들께

맑고맑은 몸과말과 뜻을기울여

빠짐없이 두루두루 예경하옵되

보현보살 행과원의 위신력으로
널리일체 여래전에 몸을나투고
한몸다시 찰진수효 몸을나투어
천진불께 빠짐없이 예경합니다.

101. 일미진중 미진수효 부처님께서
곳곳마다 많은보살 모이시었고
무진법계 미진에도 또한그같이
부처님이 충만하심 깊이믿으며
육신마다 한량없는 음성으로써
다함없는 묘한말씀 모두내어서
오는세상 일체겁이 다할때까지
부처님의 깊은공덕 찬탄합니다.

102. 아름답기 으뜸가는 여러꽃타래
좋은풍류 좋은향수 좋은일산들
이와같은 가장좋은 장엄구로써
시방삼세 부처님께 공양하오며
으뜸가는 좋은의복 좋은향들과
가루향과 꽂는향과 등과촛불을
전부모아 수미산의 높이로쌓아

일체여래 빠짐없이 공양하오며

넓고크고 수승하온 이내지혜로

시방삼세 부처님을 깊이믿으며

보현보살 행원력을 모두기울여

일체제불 빠짐없이 공양합니다

103. 지난세상 제가지은 모든악업은

무시이래 탐심진심 어리석음이

몸과말과 뜻으로써 지었음이니

제가이제 남김없이 참회합니다

104. 시방세계 여러종류 모든중생과

성문연각 유학무학 여러성현과

일체모든 부처님과 모든보살이

지니시는 온갖공덕 찬탄합니다

105. 시방세계 계시옵는 세간등불과

가장처음 보리도를 이루신님께

위가없는 묘한법문 설하시기를

제가이제 지성다해 청하옵니다

106. 부처님이 반열반에 들려하시면

찰진겁을 이세상에 계시오면서

일체중생 행복하게 살펴주시길

모든지성 기울여서 청하옵니다

107. 부처님을 예찬하고 공양한복덕

오래계셔 법문하심 청하온공덕

기뻐하고 참회하온 온갖선근을

중생들과 보리도에 회향합니다

108. 원하노니 수승하온 이공덕으로

위가없는 진법계에 회향하오며

이치에도 사실에도 막힘이없고

불법이고 세간이고 걸림이없는

삼보님과 삼매인의 공덕바다를

제가이제 남김없이 회향하오니

모든중생 신구의로 지은업장들

잘못보고 트집잡고 비방도하고

나와남을 집착하여 망견을내던

모든업장 남김없이 소멸되어서

생각생각 큰지혜가 법계에퍼져

모든중생 빠짐없이 건져지이다

허공계가 다하고또 중생다하고

중생업이 다하고또 번뇌다함은
넓고크고 가이없어 한량없으니
저희들의 회향의뜻 이뤄지이다
나무대행보현보살마하살
나무대행보현보살마하살
나무대행보현보살마하살

(5) 명상 참선 수행[24)

명상, 참선이란?

1) 수행이란, 주로 초기불교의 위빠사나 명상과 대승불교 사상의 실천적 완성이라 할 수 있는 중국의 선(禪 : 조사선, 간화선)을 들 수 있다.

2) 수행, 명상, 선은 분별망상과 번뇌, 생각을 따라가지 않고, 그 생각이 나온 이전의 본래자리를 확인하는 것이다. 모든 괴로움은 분별심에서 시작되었기에, 분별이 시작되기 이전, 그 어떤 괴로움도 없고, 아무 일 없던 본래자리, 부처의 자리로 돌아가는 것이다. 그것이 바로 '돌아가 의지한다'는 참된 귀의(歸依)이며, 초기불교의 사성제(四聖諦)라는 괴로움 소멸의 길이고, 선에서 설하는 본래의 자성(自性)을 확인하는 견성성불(見性成佛)이다.

3) 위빠사나는 분별망상을 따라가지 않고, 몸과 마음에서 일어나는 모든 생각과 움직임 등을 해석하거나 생각하지 않

24)

고 그저 있는 그대로 알아차리는 것이다. 있는 그대로를 있는 그대로 보는 것이 곧 위빠싸나다. 중생은 있는 그대로를 자기식대로 해석하고, 분별하고, 판단하면서 오염된 의식으로, 색안경에 걸러서 바라본다. 만법유식(萬法唯識), 즉 세상 모든 것은 곧 오직 허망한 자기 의식이 조작해서 만들어낸 결과일 뿐, 실체가 없다. 바로 그러한 조작, 유위(有爲)를 버리고, 단순히 있는 그대로 보는 것이 곧 명상이다. 위빠싸나는 곧 사념처(四念處)를 말하는데, 사념처란 신수심법(身受心法)을 있는 그대로 관찰하는 명상이다. 즉 몸[身]을 있는 그대로 알아차리고, 호흡을 알아차리고, 느낌[受]을 알아차리며, 마음[心]에서 일어나는 온갖 것들을 알아차리고, 바깥에서 일어나는 것들[法] 또한 통째로 해석하지 않고 있는 그대로 알아차리는 것이며, 그렇게 있는 그대로 보게 되면 곧 진리 즉 법(法)을 확인하게 된다.

4) 선은 직지인심 견성성불(直指人心 見性成佛)이라는 말처럼, 생각 이전의 자리, 보고 듣고 깨달아 아는[見聞覺知] 그 근원의 자리를 확인하는 것이다. 즉, 내가 누구인지, 내가 온 곳이 어디이고 돌아갈 곳이 어디인지를 확인하는 것이다.

5) 생겨나고 사라지는 생사법(生死法), 생멸법(生滅法)이 아닌, 그 모든 것들이 생겨나고 사라지는 바탕, 배경, 근원자리인 불생불멸법(不生不滅法)을 확인하는 것이다.

명상, 참선하는 방법

1) 좌선을 하고 앉아 이렇게 앉아 있는, 있는 그대로의 나라는 존재를 한발자국 떨어져 무심히 지켜본다.

2) 생각, 해석을 따라가지 않고, 지금 여기에서 벌어지는 모든 것을 있는 그대로 알아차린다. 내면에서 일어나는 생각, 느낌, 몸의 느낌, 호흡에서부터, 바깥으로부터 감지되는 온갖 소리들, 보이는 것, 접촉되는 모든 것들을 있는 그대로 지켜본다.

3) 호흡명상은 호흡을 억지로 통제하지 않고 있는 그대로 내버려 둔 채, 호흡이 들어오고 나가는 것만 지켜보되, 그 어떤 생각으로 해석하지 않고 그저 바라보는 것이다. 호흡이 들어오고 나갈 때를 있는 그대로 관찰하되, 한 번 호흡이 들어오고 나간 뒤에 숫자를 세면 수식관(數息觀)이 된다. 숫자를 붙여 1, 2, 3… 하고 세다가 망상, 생각이 올라오면 그 올라온 망상에 곧장 '망상' 하고 이름을 붙인 뒤에, 다시 숫자 1로 돌아가 호흡을 관찰하고 숫자를 붙이기를 반복한다.

4) 바디스캔(body Scan)명상은 머리끝부터 천천히 있는 그대로 관찰하면서 머리, 눈, 코, 입, 목, 어깨, 등, 가슴, 팔, 손, 엉덩이, 허벅지, 종아리, 발 등의 순서로 마치 온 몸을 스캔하듯이 있는 그대로 관찰하고 알아차리는 것이다. 몸의 모든 부분을 그저 있는 그대로 관찰하고 느껴보되, 완전히 몸에 힘을 빼고, 그 어떤 생각도 일으키지 않고 다만 바라보는 것이다.

5) 가장 좋은 방법은 그저 무위법(無爲法)으로써 아무 것도 하지 않고 그저 지금 여기에 존재하는 것이다. 생각을 일으키지도 않고, 무언가 특정 대상을 집중하지도 않은 채, 그저 이렇게 존재하고 있음을 확인해 본다.

6) 귀에 들리는 소리를 있는 그대로 듣기 위해 집중하기 보다는, 들리는 소리와는 상관없이 그 모든 소리들을 듣고 있는 '듣는 놈'이 누구인가? 하고 돌이켜 본다. 눈에 보이는 모든 것들과는 상관없이 '보는 놈'이 누구인가 하고 회광반조(廻光返照)한다.

7) 아무 것도 하지 않고 앉아 있으면, 곧 호흡이 들어오고 나가는 것이 확인된다. 누가 이렇게 숨을 들이쉬고 내 쉬는 가? 호흡하는 놈이 누구인가를 지켜본다.

8) 이렇게 앉아 있고, 소리를 들으며, 눈앞의 무언가를 보고 있고, 느껴지면 느끼고, 대상을 아는 '이것은 무엇인가' 하고 스스로에게 질문하되, 머리로 헤아려 알려고 하지는 말아야 한다.

9) '이뭣고?'하고 '나는 누구인가'하는 질문에 답을 찾고자 애쓰지만, 머리로 찾아서는 안 된다. 머리는 그저 '모를 뿐' 이다. 알고자 하지만 결코 이것, 자성, 불성, 본래면목, 반 야, 해탈, 열반, 참나는 알 수 있는 것이 아니다. 답은 찾아 야겠는데, 그저 모를 뿐이고, 머리를 굴릴 수도 없으니, 그 저 답답할 뿐이다. 바로 이 답답함 속으로 들어가 버텨야 한다. 그것이 선에서 말하는 은산철벽(銀山鐵壁)이고, 화두 (話頭)이며, 의정이고 의단독로다.

10) 최고의 참선은 법회에 참여하여 법문을 듣는 것이다. 본래면목이라는 자성을 곧장 가리켜 보여주는 선지식을 찾 아 선지식의 회상에서 법문을 듣는 것이 곧 조사선(祖師禪) 의 전통이다.

5. 사홍서원

중생을 다 건지오리다

번뇌를 다 끊으오리다

법문을 다 배우오리다

불도를 다 이루오리다

중생무변서원도 (衆生無邊誓願度)

번뇌무진서원단 (煩惱無盡誓願斷)

법문무량서원학 (法門無量誓願學)

불도무상서원성 (佛道無上誓願成)

6. 회향게

원이차공덕 보급어일체 아등여중생 당생극락국
願以此功德 普及於一切 我等與衆生 當生極樂國

동견무량수 개공성불도(반배)
同見無量壽 皆共成佛道

원컨대 이 기도 수행 공덕이

일체 모든 곳에 널리 퍼져

나와 일체중생 모두가

이 땅이 곧 불국토임을 깨달아

다함께 본래 부처를 확인하여

모두 함께 견성성불 하여지이다.(반배)